「Biz Guide: 最新中國法律集」
copyright ⓒ 2014 China International Publishing Group(中國外文出版發行事業局)
All rights reserved
Korean Translation Copyright ⓒ 2015 by Neulpum Plus Co., Ltd.
Korean edition is published by arrangement with Renmin Huabao(人民畫報社)

이 책은 월간 《중국》에서 연재한 「Biz Guide: 最新中國法律集」을 재편집했습니다.
이 책의 한국어판 저작권은 저작권자와의 독점계약으로 ㈜늘품플러스에 있습니다.
신저작권법에 의해 한국 내에서 보호를 받는 저작물이므로 무단 전재와 무단 복제를 금합니다.

중국최신법률해석

2015년 5월 4일 초판 1쇄

지은이·옮긴이 인민화보사 월간 《중국》 편집부 펴낸곳 (주)늘품플러스 펴낸이 전미정
책임편집 이동익 디자인 윤종욱 정진영 일러스트 최민경
출판등록 2008년 1월 18일 제2-4350호 주소 서울 중구 필동 1가 39-1 국제빌딩 607호
전화 02-2275-5326 팩스 02-2275-5327 이메일 go5326@naver.com 홈페이지 www.npplus.co.kr

ISBN 978-89-93324-80-8 03360 정가 18,000원
ⓒ인민화보사 월간 〈중국〉 편집부, 2015

이 책은 저작권법에 따라 보호받는 저작물이므로 무단 전재와 무단 복제를 금지하며,
이 책 내용의 전부 또는 일부를 이용하려면 반드시 저작권자와 (주)늘품플러스의 동의를 받아야 합니다.

중국최신
법률해석

인민화보사 월간《중국》편집부 저

Prologue

중국 비즈니스, 이제 '관시'보다는 법으로

중국에서 '관시(關係)'가 중요하다는 것은 만천하에 알려진 사실이다. 철학적인 의미에서의 범주는 간단명료하다. 사람과 사람, 사람과 사물 사이의 각종 연계를 말하는 개념이다. 그러나 사회학적 의미에서 '관시'는 매우 복잡하고 다양한 의미로 쓰인다. 형식적으로는 우선 가족, 친인척, 친구, 동창, 동료 등의 사이를 가리킨다. 내용에서는 그들 사이의 인정, 인연, 줄, 인맥, 백(Background)을 내포하고 있다. 이러한 복잡한 내용을 한국어의 '관계'나 영어의 'Relationship'으로 도저히 표현하기가 어렵다. 외국인들은 이를 이해하기조차도 쉽지 않아 한국인들은 아예 '관시', 영어 사용자들은

'Guanxi'로 표기한다. 말하자면, 중국적 관행을 어설픈 영어로 쓰는 일종의 'chinglish'다.

수천년 동안 내려온 권력 시스템의 특성, 가족 단위로 구성된 농경사회의 구조, 빈번한 정권교체로 인한 전란 속에서 동양사회는 오늘날의 '관시'를 중요시하는 풍습이 만들어졌다고 학자들은 말한다. 이런 점에서 중국이나 한국이나 마찬가지다. 심지어 단일민족인 한국에서 '관시'를 중요시하는 정도가 중국보다 더할지도 모른다. 일례로 한국에서는 혈연과 지연, 학연을 일컫는 '3연'이라는 말이 나올 정도다. 중국에서 '관시'를 많이 갖고 있는 사람은 '멘쯔광(面子廣)'이라고 하고 한국에서는 "발이 넓다"고 한다. 일맥상통하는 말이다.

중국과 한국이 수교한 뒤 양국의 경제무역협력과 문화교류는 급속히 발전했다. 수많은 한국 개인이나 기업들이 중국에 진출했고, 중국에서 사업을 벌이고 있다. 한국인들은 '관시'를 중요시하는 자국의 경험을 살려 빠른 속도로 중국사회에 뿌리내렸고, 비즈니스에서도 이를 잘 활용해 사업에서 상당한 성공을 거둔 스토리도 많다.

2013년 박근혜 대통령이 중국을 국빈자격으로 방문했을 때 한중 경제인포럼의 모두 연설에서 "먼저 친구가 되고 그 다음에 비즈니스를 한다"는 중국의 속담까지 인용하면서 양국 경제인 사이의 이해와 협력을 독려했다. 그 연설대로 중국에서 서로 친구가 된다는 것은 곧 '관시'를 맺는 것이다.

하지만 흔히 이야기하는 '관시'는 순수한 의미에만 머물지 않는다. 서로 사이를 맺어 일정한 목적을 갖고 관계를 구축하며 유지하는 일이다. 이로써 이해관계가 일치해 서로 이익을 나누는 일, 청탁이나 심지어는 정경유착, 편법, 봐주기 등 비리를 의미하는 경우가 더 많은 것도 사실이다.

그동안 중국은 시장경제체제의 구축을 추진하면서 눈부신 발전을 보였다. 시장질서의 확립 및 규범화에서 큰 성과를 거두었지만 그래도 아직 많은 허점과 계획경제의 잔재, 정부의 지나친 개입 등의 현상이 존재하고 있다. 특히 개혁개방 초기 경제의 발전은 자율적인 시장규칙보다는 정부가 앞장을 서서 이끌었다고 해도 과언

이 아닐 것이다. 이런 와중에 '관시'의 위력을 발휘하는 공간과 필요성이 생겨 사회 일각에서 법과 질서보다 '관시'가 더 효율적이라는 인식이 굳어졌다.

사람들은 '관시'의 구축과 유지를 위해 갖가지 수단과 방법을 동원한다. 낮은 수준의 선물, 대접으로부터 고급 단계의 뇌물, 로비자금까지 제공한다. 중국에서 한때 EMBA라는 교육과정이 절정의 인기를 누렸다. 입학금이 적게는 수천만 원, 높게는 억 단위다. 그럼에도 불구하고 유명 EMBA코스는 항상 만원이었다. 알고 보니 이 최고경영자 코스는 경영관리를 배우는 것보다 하나의 '동창관시'를 구축하기 위한 사교그룹으로 변질한 것이다. 물론 다는 아니지만 이 EMBA는 기업인을 포함한 경제계와 정관계 사이의 인맥 경영과 관리의 교실로 더 유명했다.

현재 '관시'에 의존하는 관습은 점점 개선되고 있는 듯하다. 특히 시진핑(習近平) 새 지도부가 출범하고 나서 초유의 반부패 운동이 벌어지고 있다. 관리들의 EMBA 진학은 제한 받고 있으며 '8항 규정'이라는 당내 기풍 확립으로 산해진미를 쌓아 놓고 대접받는 진풍경이 사라진 지 오래되었다. 일반적인 식사 대접도 의심을 받을 수 있어 전전긍긍하고 있다. 웬만한 선물 또한 사정기관에 뇌물로 비칠 가능성이 있어 마음 놓고 받을 수 없는 처지다.

더욱이 중국공산당 18기 4차회의에서 전면적인 의법치국(依法治國) 방침을 확정한 중국 지도부는 법에 따라 나라를 다스리는 의지, 법을 제대로 집행하려는 의지를 보였다. 국무원도 갖가지 행정절차의 간소화와 권력의 이양을 추진하는 데 큰 성과를 거두고 있다. 중국은 이제 법치를 통해 시장질서의 확립과 시장의 투명성, 경쟁의 공정성을 보장하고 나선 것이다.

이러한 배경 하에서 본지는 그동안 다뤄온 법률코너를 정리 종합해 『중국최신법률해석』을 출간하게 됐다. 취지는 중국에 진출한 개인이나 기업들이 변화하는 중국 정치·경제·문화·환경에 더욱 능동적으로 적응하고, 더욱 효과적으로 법률이라는 수단과 방법으로 스스로 당면한 문제를 해결할 수 있도록 도움을 주자는 것이다. 이 책은 중국 투자부터, 경영관리, 무역거래, 나아가 외국인이 중국에서 생활하는 데 반드시 필요로 하는 법규정을 망라했다. 아울러 생생한 사례까지 덧붙였다.

"할 수 있는 것도 없고, 못할 것도 없다"는 말이 중국에서는 오래전부터 있었다. 정상적인 절차나 방법대로 해도 좋은 일이 정부나 개인의 무단개입 때문에 '관시'를 동원하지 않고선 성사시킬 수 없었던 경우를 말한다. 아울러 법적으로는 할 수 없도록 규정한 일도 '관시'를 동원하면 성사시킬 수 있다는 말이다. 하지만 이젠 달라졌다. 달라진 중국에서 성공적인 비즈니스, 성공적인 삶을 만들려면 '관시'보다는 법을 우선시하는 시대가 도래하고 있다. 순수하고 정다운 '관시', 엄정하고 공정한 법이 서로 섞여 혼재하는 상태를 벗어나 각자 제자리를 찾아가고 있는 것이다.

한국과 중국은 소중한 이웃이다. 한국의 입장에서 중국은 이제 떼려야 뗄 수 없는 경제 파트너다. 그런 이유로 수많은 한국의 기업과 기업인들이 중국을 방문하거나 현지에서 사업을 벌인다. 중국을 찾는 수많은 한국의 기업인들에게 중국의 최신 생활 및 비즈니스 법률에 관한 전반을 소개할 수 있는 이 책을 냈음을 알린다. 적지 않은 수고를 들여 한국어로 번역한 이 책이 중국의 시장에서 더 눈부시게 활약하는 한국의 기업과 기업인들에게 소중한 안내자로 작용하기를 바라 마지 않는다.

2015년 4월

인민화보사 월간 《중국》 편집부

Contents

투자·무역

외자기업 관리를 위해
중국정부는 외국인 기업의 투자
가능 분야와 제한, 불가능 분야를
정했다.
각 분야에 대해 알아본다.

외국인 투자산업 지도목록

중국의 현행 법률제도에서 외자기업 진입제도는 행정심사비준 과정과 실제 규범이 분리된 이원적 구조로 돼 있다. 외국기업투자를 관리하는 행정 심사비준 법률법규에는 2000년 이후에 수정한 〈중외합자경영기업법〉, 〈중외합작경영기업법〉, 〈외자기업법〉 및 시행세칙과 2004년 국가발전및개혁위원회가 발표한 〈외국인 투자항목 심사비준 임시시행 관리방법〉 및 2006년 상무부 등 6개 위원회가 공동 발표한 〈외국투자자 국내기업 인수합병에 관한 규정〉 등이 있다.

그러나 실질적인 행정정책은 〈외국인 투자방향 지도규정〉과 〈외국인 투자산업 지도목록〉 및 특수업종의 외자 심사비준 단행조례에 주로 나타나 있다.

국무원은 2011년 4월 1일 〈외국인 투자산업 지도목록 의견 수렴본〉을 발표했다. 이는 중국정부가 2007년 이후 외국기업의 시장 진입 및 투자제도를 다시 한 번 조정한 것이다. 국가발전및개혁위원회와 상무부는 2011년 12월 24일 공동으로 〈외국기업 투자산업 지도목록 수정안(이하 '지도목록 수정안')〉을 발표했다. 〈지도목록 수정안〉은 2012년 1월 30일부터 시행됐다.

경제발전방식 전환을 꾀하고 있는 중국은 〈지도목록 수정안〉에서 생태보호, 자원절약, 기술혁신, 식품안전 등에 무게를 실었다. 또한 운용성을 더욱 강화했고, 국가 관련 정책과의 융합성도 높여 정책방향의 변화를 잘 반영하고 있다.

Ⅰ. 장려항목

〈지도목록 수정안〉에는 전략적 신흥산업 관련 항목이 대폭 늘었다. 예를 들어 금속제품업에서는 항공, 우주, 자동차, 엔진 경량화, 환경보호형 소재 R&D를 추가했다. 전용설비제조업에서는 자동차 동력전지전용 생산설비 설계·제조가 포함됐다. 교통운수설비에서는 신에너지 자동차 관련 부품이, 전기기계 및 기자재 제조업에서는 첨단기술 녹색전지 제조가 추가됐다. 전력·가스·수자원 생산 및 공급업에서는 재생수(再生水)공장 건설운영과 자동차 충전소 및 전지교환소 건설운영 등이 추가됐다. 상술한 내용은 국무원이 2010년 발표한 〈더 나은 외자이용 업무에 관한 약간 의견〉 중의 신에너지·신기술·에너지 절약 및 환경보호 등 분야에 대한 외자투자 장려에 관한 정책방향과 부합한다. 현재 중국은 신에너지 산업을 적극 육성하고 있지만 핵심기술과 산업체인 등에서 해외

동종업계와 격차가 있다. 따라서 이 분야에 외국기업의 투자를 유치해 핵심기술 및 선진경영이념을 국내에 도입, 발전시키고자 한다. 현재 일부 기업과 부처는 기술 R&D와 시장확대에 주력하고 있다. 완벽한 과학적 산업체인이 형성돼야 전 산업의 발전을 뒷받침할 수 있다. 또한 2007년 장려목록에 포함됐던 자동차 완성차 제조 및 자동차 R&D 기구 설립은 이번 〈지도목록 수정안〉의 해당 목록에서 제외됐다. 최근 수년간 자동차산업이 빠르게 발전한 것을 감안하면 이해할 수 있다.

이 밖에 장려분야의 서비스업 중 창업투자기업과 지적재산권 서비스가 추가됐다. 회계·회계감사(합작, 동업에 한함), 과학기술과 환경보호 등의 정보컨설팅 서비스도 포함됐다. 교육분야에서는 직업기술교육 등이 추가됐다. 이는 창업과 자주혁신으로 산업업그레이드를 독려한다는 국가정책방향에 부합하는 것이다. 중국의 제조업은 매우 발달했지만 서비스업은 상대적으로 취약하다. 외국기업의 참여는 국내서비스업 시장에 효과적인 경쟁 체제를 형성하는 데 유리하다. 그러나 이와 동시에 외국기업의 참여가 현재 발전하고 있는 서비스업에 부정적인 영향을 끼치는 것을 경계해야 한다. 외국기업의 서비스업 투자제한 완화는 첫째 중국의 현대 서비스업 발전의 필요 때문이고, 둘째 중국의 WTO 가입 시 약속을 이행하는 것이다.

Ⅱ. 제한항목

〈지도목록 수정안〉은 기존의 제한항목을 다음과 같이 조정했다.

1. 음료제조업: 기존의 탄산음료 생산제한을 삭제했다.
2. 보건, 사회보장 · 사회복지: 2007년 목록에는 의료기관을 제한분야에 포함시켜 합자와 합작을 제한했다. 그러나 〈지도목록 수정안〉에서는 외자의료기관에 대한 제한을 없앴다.
3. 금융업: 금융리스회사에 대한 기존의 제한을 삭제했다.
4. 도 · 소매업: 프랜차이즈 경영, 위탁경영, 비즈니스관리, 상품경매에 대한 제한을 삭제했다. 음반과 영상물(영화 제외)의 유통에서는 중국 측이 지배해야 한다는 제한을 없앴으나 합작 방법은 여전히 제한한다.

의료보건, 교육분야의 개혁정체로 인한 문제로 중국정부는 장기간 여론의 질타를 받아왔다. 이번 의료업 개방 및 외자유치 계획은 정책적 신호로 신 의료개혁 방안에 부합한다. 1990년대부터 외국자본이 특수진료나 의료기계 등 중국 의료분야에 속속 침투했다. 이에 따라 2005년 이후 의료기관에 대한 외자투자를 제한하는 명문 규정은 없었지만 집행 과정에서 외자 진입을 다소 위축시켰다. 지난해 말 의약보건체제개혁을 강화하는 부속 문건이 속속 하달됐다. 〈사회자본의 의료기관 개설 장려 및 유도에 관한 의견(關于進一步鼓勵和引導社會資本舉辦醫療機構的意見)〉은 그 중 하나로 비(非)공립의료기관의 발전을 저해하는 정책적 장애물을 제거하는 데 중점을 뒀다. 〈지도목록 수정안〉에서 의료서비스가 제한류에서 삭제된 것은 의료서비스 및 민생서비스 수준을 제고하겠다는 국가의 정책 방향을 보여주는 것이다.

Ⅲ. 금지항목

〈지도목록 수정안〉은 기존의 금지항목을 다음과 같이 조정했다.

1. 교통운수: 우편물 국내배달업을 외국기업 투자금지업종으로 지정했다.
2. 부동산: 별장 건설 및 경영을 제한항목에서 금지항목으로 수정했다. 외자의 국내민영 우편배달업 진입허가 여부는 민감한 사안으로, 〈지도목록 수정안〉은 우편물 국내 배달업을 외자진입 금지업종으로 명확하게 규정했다. 이는 이 업종에 대한 국가의 관리감독이 점점 더 엄격해지고 있음을 시사한다.

외국인의 부동산프로젝트에 대한 건설 및 경영투자 제한이 늘어난 것 또한 〈지도목록 수정안〉의 가장 큰 특징이다.

외국인 투자금지항목 중 '별장 건설 및 경영'은 2007년판 지도목록에서는 제한항목에 포함됐다. 외자의 별장 경영 및 개발에 대한 진입을 금지한 것은 중국의 엄격한 부동산산업 통제정책에 부합하는 것이다. 국내자본의 별장 투자·개발·경영 역시 엄격하게 통제되고 있다. 종합적으로 봤을 때 중국은 외자기업의 부동산산업에 대한 투자제한을 더욱 가속화할 것으로 보인다.

2004년판 목록과 비교해 2007년판은 외국기업의 고급호텔·별장·고급 오피스 빌딩·국제회의센터의 건설 및 경영과 외국기업이 대단위 토지를 개발할 경우 반드시 중국 국내기업과 합자 또는 합작해야 한다는 제한을 유지했다. 동시에 외국기업이 부동산 2급 시장 거래와 부동산 중개, 또는 중개회사에 투자하는 것을 제한한 항목을 추가했다. 또한 '일반주택지 개발 건설'을 2004년판 목록의 투자 장려류에서 삭제했다. 중국 부동산시장이 계속 '가열'되면서 외국기업의 중국 부동산산업 투자비율 역시 점차 감소했다. 2007년 중국 부동산시장의 총 투자액 가운데 아시아 국가 외의 투자가 33%를 차지했지만, 2008년에는 12%, 2009년에는 2%로 떨어졌다.

사실 중국 부동산에 투자하는 외국기업은 대부분 아시아국가이며 별장에 투자하는 비율은 높지 않다. 국내 부동산기업에게도 저밀도주택개발을 엄격하게 제한하고 있다. 반면 일부 외국기업의 토지 사재기 등 현상이 심각하다. 개발주기가 길지만 토지가격 상승 수익을 얻을 수 있으므로 외국기업의 별장투자 비율이 높고 낮음과 상관 없이 부동산 시장을 엄격하게 조정하고 있는 상황에서 외국기업의 별장 투자를 제한하는 것은 적절한 조치다.

중국은 빠른 경제성장속도를 유지하고 거대한 시장과 성장잠재력을 지니고 있다. 이는 외자를 유치하는 데 중요한 요소다. 또한 중국의 안정적인 정치환경과 풍부한 노동력 역시 거대한 흡인력으로 작용한다. 좋은 투자환경으로 중국은 몇 년 연속 세계 주요 투자목적지로 자리매김했다. 중국에 투자하는 대다수 외국기업은 중국의 발전에서 수익을 얻었다. 국내외 경제상황이 변화하면서 중국의 외자정책 역시 '외자 유치'에서 '외자 선택'으로 전환해 외자사용의 질을 높이는 것이 필수적인 조건이 됐다. 외국기업에게 있어 중국이 발전방식을 전환하고 경제구조조정에 박차를 가하는 것은 경영환경변화를 의미하는 것일 수 있다. 그러나 이는 또한 거대한 시장 가능성과 새로운 발전 기회를 의미한다.

삼자기업 외의 또 다른 외국인 투자
방식이 마련됐다.
설립 조건 및 절차에 대해 알아본다.

외국인투자 합명기업

국무원이 발표한 〈외국인기업 혹은 개인의 중국 내 합명기업 설립 관리방법(이하 '설립 관리방법')〉이 2010년 3월 1일부터 정식 시행됐다. 이와 함께 외국인투자 합명기업 등기 시 해당 기업의 권리와 의무를 명확히 하기 위해 국가공상행정관리총국에서 〈외국인투자 합명기업 등기관리 규정(이하 '등기 관리규정')〉을 발표, 〈설립 관리방법〉과 동시에 시행되고 있다. 이로써 외국인투자에 '합명기업'이라는 새로운 방식이 추가되면서 외국투자자의 대(對)중국 투자 선택의 폭이 넓어졌다.

외국인기업 혹은 개인이 중국 내에 설립한 합명기업은 외국인투자 범주에 속한다. 중국은 외국인투자에 대해 줄곧 전문적인 관리 제도를 시행하면서 선후로 〈중외합자경영기업법〉 및 관련 실시조례, 〈중외합작경영기업법〉 및 시행세칙, 〈외국인기업법〉 및 시행세칙 등 법률·행정법규를 마련했다. 또 중외합자경영(中外合資經營), 중외합작경영(中外合作經營), 외국인독자경영(外商獨資經營) 방식으로 설립한 외국인투자기업, 이른바 삼자(三資)기업에 대한 일련의 관리제도를 마련했다.

그러나 외국인투자자가 중국 내에 설립한 합명기업은 상기 삼자기업의 투자방식과 차이가 있어 관련 규정을 그대로 적용할 수 없다. 2006년 8월 27일 개정·통과된 〈합명기업법〉 108조에는 '외국기업 및 개인이 중국 내에 설립한 합명기업 관리방법은 국무원에서 규정한다'고 명시돼 있다. 중국정부는 2006년부터 외국인투자자의 중국 내 투자방식 중 합명기업을 추가할 것을 계획해 왔다. 최근 발표한 〈설립 관리방법〉은 〈합명기업법〉의 맞춤 행정법규로서 외국인투자자의 중국 내 합명기업 설립에 관한 전문 관리방법이다.

사회 통념과 달리 〈설립 관리방법〉은 아래와 같은 몇 가지 뚜렷한 특징을 보이고 있다.

첫째, 외국인투자 합명기업 설립은 국무원 공상행정관리부처가 수권(授權)한 지방 공상행정관리부서에 설립등기를 신청해야 한다.

둘째, 외국인투자 합명기업의 최저 출자액에 대한 제한이 없다.

셋째, 정부 심사비준을 받아야 하는 투자프로젝트 경우 국가 관련규정에 따라 투자프로젝트 심사 수속을 밟아야 한다.

넷째, 향후 투자를 주요 업무로 한 외국인투자 합명기업을 대상으로 한 전문 법률규정이 추가로 마련될 수 있다.

Ⅰ. 외자합명기업 형식

〈설립 관리방법〉 2조에 따라 외국인이 중국 내에 합명기업을 설립할 때 아래와 같은 두 가지 형식을 취할 수 있다.

1. 우선 2인 이상의 외국기업 혹은 외국인이 중국 내에 합명기업을 설립할 수 있다.
2. 외국기업 혹은 개인이 중국의 자연인, 법인 및 기타조직과 공동으로 중국 내에 합명기업 설립을 설립하는 것이다.

실생활에서는 다음과 같은 상황도 있을 수 있다. 중국의 자연인, 법인과 기타 조직이 중국 내에서 합명기업을 설립한 뒤 외국기업 혹은 외국인이 합명기업의 파트너가 되거나 합명기업의 재산 일부를 양수하는 방식으로 파트너가 되는 것이다. 이와 같은 상황이라 하더라도 〈설립 관리방법〉의 규정에 부합해야 하며 법에 따라 기업등기기관에 변경신청을 해야 한다.

예를 들어 갑·을·병 세 사람이 2010년 9월 베이징에 의류·신발·양말 도소매업을 하는 합명기업 A를 설립했다. 2010년 12월 한국인 정이 합명기업 A에 현금 50만 위안을 출자해 파트너가 됐다. 이 역시 〈설립 관리방법〉의 관련 규정에 부합해야 한다.

이 밖에 합자 합명기업의 설립 조건, 합명협의내용, 합명기업 재산, 기업의 사무 집행, 합명기업과 제3자 간의 관계, 파트너 추가, 탈퇴, 해산, 결제 등 사항은 모두 〈합명기업법〉의 규정에 따라 처리한다.

Ⅱ. 산업정책에 부합해야

〈설립 관리방법〉 3조에는 '외자가 설립한 합명기업은 〈합명기업법〉과 기타 법률 규정을 준수하는 동시에 외국인투자 관련 산업정책에도 부합해야 한다'고 규정했다.

현재 외국자본의 중국 국내 투자산업을 관리하는 기초는 〈외국인 투자산업 지도목록〉으로 2007년에 개정됐다. 첫째, 더 이상 전통제조업에 대한 투자를 장려하지 않는다. 둘째, 적당한 수입증가를 장려한다. 셋째, 최신기술·설비를 도입해 국내의 기술 및 설비수준을 높인다. 넷째, 관련 조항을 수정해 국가경제안보를 수호한다. 다섯째, 서비스업의 지원을 늘린다는 내용이 담겼다.

합명기업 형태로 투자한 외국인 또는 외국기업은 지도목록의 정신을 충분히 이해하고 수정된 내용을 철저히 따라야 하며 이를 통해 회사 설립 및 경영 과정에서 주동적인 위치를 선점할 수 있도록 한다.

이와 함께 〈설립 관리방법〉은 중국 내 외국인 투자자가 중국에서 합명기업을 설립하는 데 대해 투자자가 직접 기업등기기관에 설립등기신청을 하도록 규정하고, 상무부 주관부처의 심사전치제도는 규정하지 않았다. 따라서 기업등기기관이 외국인투자 합명기업의 설립신청이 외국인투자 산업정책에 부합한지 판단할 수 있도록 신청인은 주관부처에 관리방법에 규정된 문서 외에 외국인투자 산업정책에 부합되는 설명서를 첨부해야 한다.

Ⅲ. 투자업무 담당하는 합명기업

글로벌 경제위기 발발 후 많은 투자자가 중국경제의 안정성을 높이 평가하고 있다. 보도자료에 따르면 세계의 주요 벤처자본과 민간자본이 위안화 투자펀드에 몰리고 있다. 많은 투자자들이 합명기업 형식으로 투자펀드를 설립하기를 바람과 동시에 중국정부의 적극적인 지지를 원하고 있다. 그러나 현재 이 분야에서의 경험이 부족하고 관계부처의 의견도 일치하지 않아 〈설립 관리방법〉은 이 문제에 있어서 탄력적인 규정만을 담고 있다. 다만 〈설립 관리방법〉 14조는 '중국은 외국기업 혹은 외국인이 중국 내에 투자를 주요업무로 하는 합명기업을 설립하는 것에 대해 별도의 규정을 마련하고 있다. 외국인 혹은 외국기업은 그 규정을 따른다'고 명시하고 있다.

그러나 〈설립 관리방법〉의 위 같은 규정은 불명확하며 모호해 두 가지 해석으로 나뉜다. 우선은 정책 지침이 불분명하니 한층 더 완비된 지도문건을 마련해 투자를 업무로 하는 외자합명기업 관리규범을 명확하게 하고, 그 전까지는 외국투자자의 관련 합명기업 설립을 허가하지 말아야 한다는 내용이다. 이러한 견해는 중국정부 사이트에 게재된 〈설립 관리방법〉에 대한 기자와의 질의응답 내용과 상당히 일치한다. 이러한 해석에 따른다면 투자업무에 종사하는 외자합명기업 설립 가능 여부는 정부의 추가 규정을 기다려야 할 것으로 보인다.

또 다른 견해는 '금지성' 특수규정이 마련되기 전까지 외자합명기업이 투자업무에 종사할 수 있다는 것이다. 그러나 중국 다수 정부기관의 문서해석을 고려할 때 후자의 견해는 '희망사항'일 뿐 실현 가능한 보편적인 처리 방법이 아니다.

Ⅳ. 결론

〈설립 관리방법〉은 외국인의 중국 내 투자에 새로운 투자방식을 제공했다. 2010년 3월 1일부터 시행됨에 따라 외자합명기업 설립은 고려 가치가 있고 실현 가능한 투자방식으로 평가되었다. 향후 중국정부는 더욱 많은 법률법규를 마련해 불명확한 문제를 해결해 나갈 것이다.

지분투자를 통한 중국기업 M&A, 주의사항은?

외자기업의 지분출자 관리방법

중국 상무부는 2011월 5월 4일 〈외국인투자기업 지분출자 관리방법(涉及外商投資企業股權出資的管理辦法, 이하 ‘관리방법’)〉 의견수렴안을 발표하고 공개적으로 의견을 구했다. 5월 20일 의견 수렴 작업을 마친 〈관리방법〉은 국무원이 지난 2010년 4월 발표한 〈더욱 효과적인 외자활용 업무에 관한 약간 의견(이하 ‘의견’)〉의 세부 항목이다. 〈의견〉 12조에는 ‘외자이용방식의 다양화를 촉진하기 위해 지분참여, 인수합병 등 방식으로 외자가 국내기업의 개편과 구조조정 참여하는 것을 장려한다’고 명시돼 있다. 지분을 출자방식으로 인정하는 것은 자본시장 회전을 촉진, 자본운영의 효율성 제고에 유리하다. 또한 투자환경 개선, 기업 구조조정비용 삭감, 자금조달루트 확대에도 효과적이다.

중국 현행법률은 중국 내 유한책임회사 설립과 관련해 이원화된 제도를 실시하고 있다. 우선 〈회사법(公司法)〉 및 관련 조례와 방법 등은 국내에 설립된 회사관련 일반법이다. 이 밖에 〈중외합자경영기업법〉, 〈외자기업법〉 등 외국인투자기업 법규 등은 회사설립 관련 특별법이다.

〈회사법〉 27조는 '주주는 화폐로 출자할 수 있고, 현물 지적재산권 토지사용권 등 화폐가치로 환산 가능하고 법에 의거 양도할 수 있는 비(非)화폐성 자산을 화폐가치로 환산해 출자할 수 있다'고 규정했다. 법률 및 행정법규에서는 출자자산을 제외할 수 없도록 규정했다. 실제로 〈회사법〉과 〈외자기업법〉은 모두 지분, 채권 형식으로 출자 설립한 회사에 대한 명확한 금지 사항이나 제한이 없다.

예를 들어 갑·을·병 3인이 중국 내에 유한책임공사를 설립하는데 갑은 현금 500만 위안, 을은 1000㎡의 공장, 병은 특허사용권 2건을 출자하기로 했다. 3인의 출자방식은 중국 법률에 부합한다.

2009년 3월 1일 국가 공상행정관리총국은 〈지분출자 등기 관리방법(股權出資登記管理辦法)〉을 발표해 요건에 부합하는 주주가 보유한 지분을 다른회사에 투자할 수 있도록 허가했다. 〈지분출자 등기 관리방법〉은 지분자격, 지분출자비율 제한, 평가요구, 등록심사 및 등기등록 등 총 14개의 구체적 내용으로 구성돼 있다.

〈지분출자 등기 관리방법〉 2조에는 지분출자 주체가 명시돼 있다. 투자자가 중국 내에 설립된 유한책임회사나 주식유한회사(이하 '지분회사')의 지분을 출자 형태로 국내 기타 유한책임회사나 주식유한회사(이하 '피투자회사')에 투자해 등기 관리할 때 본 방법을 적용한다고 규정하고 있다. 제3조에는 '출자하려는 지분은 소유권 귀속 및 역할과 권한이 분명하고 법에 의거, 양도 가능해야 한다'고 명시돼 있다. 또한 법률, 행정법규 또는 국무원이 결정한 규정에 따라 주식회사 주주가 지분을 양도할 때는 보고하고 비준을 거쳐야 하며 비준을 거치지 않은 경우 출자할 수 없다.

〈중외합자경영기업법 시행세칙〉 16조에는 '중외합자기업은 유한책임회사'라고 규정하고 있다. 때문에 중외합자기업은 중국 내 회사제 법인이므로 중외합자기업의 외국인투자자지분은 출자주체의 요구에 부합한다. 〈외자기업법 시행세칙〉 18조에는 '외자기업의 조직 형태는 유한책임회사다. 비준을 거치면 기타 책임 형태도 취할 수 있다'고 규정했다.

앞의 법률을 근거로 외자기업은 중외합자기업이든 중외합작기업이든 외국인독립투자 기업이든 다음 조건에 부합하기만 하면 지분을 출자할 수 있다.

1. 유한회사 또는 주식유한회사 계열이어야 한다.
2. 출자할 지분은 소유권 귀속이 분명하고 역할과 권한이 분명하며 법에 의거, 양도 가능해야 한다.
3. 피투자기업 전체 주주의 지분출자금액과 기타 비(非)화폐자산을 화폐가치로 환산한 출자금액의 합은 등록자본의 70%를 넘지 못한다. 이 규정은 〈회사법〉의 관련 조항과 일치한다.
4. 출자에 사용할 지분은 법에 의거해 설립한 국내 평가기관의 평가를 거쳐야 한다.
5. 피투자회사는 〈외국인 투자산업 지도목록〉 조건에 부합해야 한다.
6. 출자할 지분은 피투자기업 설립일로부터 1년 이내에 피투자기업

에 투자해야 한다. 등록자본 증가에 사용하려면 피투자회사가 등록자본 증가 변경 등기를 신청하기 전에 투자해야 한다. 〈회사법〉은 '주주는 회사 설립일로부터 2년 내에 등록자본을 완납할 수 있다'고 규정하고 있다. 〈회사법〉과 비교할 때 국가공상행정관리총국은 지분출자 시한에 보수적인 태도를 취한다.

7. 지분투자는 자금조사 확인 보고서를 제출해야 한다.

곧 발표예정인 〈관리방법〉에는 주로 3가지 지분출자 방식에 대한 내용이 담길 것으로 보인다.

1. 신설 외국인투자기업
   예: 한국인 갑은 현금 방식으로 200만 위안을 투자해 중국 내에 유한책임공사를 설립했다.
2. 증자를 통한 내자기업의 외국인투자기업 변경
   예: 한국인 갑이 현금으로 중국 모 기업에 증자해 해당 기업은 중외합자기업으로 변경됐다.
3. 증자로 인한 외국인투자기업 지분 변화
   예: 한국인 갑은 외국인투자기업 A기업의 주식을 구매했다.

위와 같은 내용을 통해 알 수 있듯 〈관리방법〉은 지분거래의 몇 가지 형식에 대해서만 언급했을 뿐 기타 유형의 지분거래를 전부 포괄하지는 않았다. 예를 들어 투자자가 내자기업을 외국인투자기업으로 변경하지 않는 거래는 포함되지 않는다. 이 밖에 〈관리방법〉은 다음의 주요 내용을 포함하고 있다.

1. 피투자기업의 경영범위는 〈외국인 투자산업 지도목록〉 및 〈외국

인투자방향 지도규정〉 가운데 외국인 투자산업 정책에 관한 규정에 따라야 한다.

2. 지분을 화폐가치로 환산한 금액이 지분평가가격보다 높아서는 안 된다. 지분출자액은 지분을 화폐가치로 환산한 금액보다 높아서는 안 된다. 지분을 화폐가치로 환산한 금액과 지분출자금액의 차액은 피투자회사의 자본적립금으로 계산할 수 있다. 그 전에 외국인투자자가 중국에 새로운 기업을 설립하고자 한다면 일반적으로 현금이나 기계 설비를 자본으로 자금을 투자할 수 있다. 〈관리방법〉에서는 중국투자자든 외국인투자자든 모두 중국 내에서 현재 보유하고 있는 지분으로 자본을 투자해 외국인 투자기업을 설립할 수 있다. 이것은 중국에 투자하려는 외국인 투자자에게 더 많은 유연성을 부여하고 투자자의 현금흐름 압박을 덜어준다.

〈관리방법〉은 또한 심사비준과 관리감독에 대해 엄격하다. 외국인투자자는 다음 사항에 특별히 주의해야 한다.

1. 지분투자 완료 시 원래 투자자가 보유하고 있던 지분을 피투자기업으로 이전해야 한다. 방법에 따라 자금투입 완료 이후의 관련 지분기업, 피투자기업 및 직접 또는 간접적으로 주식을 보유하고 있는 기업을 포함한 관련 기업의 경영 범위는 〈외국인 투자산업 지도목록〉과 〈외국인 투자방향 지도규정〉 및 기타 외국인 투자 관련 규정에 부합해야 한다.
2. 2011년 발표된 〈투자안전심사제도 관리방법〉에 의거해 투자자는 안전심사를 통과해야 한다. 현재 투자 안전심사 필요 여부가

불분명한 외국인투자자는 새로운 제도에 따른 영향을 특히 주의해야 한다. 〈투자안전심사제도(국무원 판공청 발[2011] 6호, '외국인투자자 국내기업합병 안전심사제도'에서 확대)〉가 2011년에야 발표되면서 기존의 지분투자 중 상당수가 이 심사를 거치지 않았다. 관리방법에 따라 투자자는 지분투자가 안전심사제도의 규정에 해당될 경우 관련 규정에 따라 안전심사를 받아야 한다. 이로써 지분투자가 전혀 새로운 투자로 간주됨을 알 수 있다. 현재 진행 중인 투자의 안전심사 필요 여부를 알 수 없는 외국인투자자는 절차 변경과 이로 인해 발생할 수 있는 상황에 주의해야 한다.

3. 〈관리방법〉은 '피투자기업 외채등기와 수입면세한도를 처리할 때(이 둘은 일반적으로 등록자본과 투자총액을 기준으로 한다) 지분투자부분은 계산 범위에서 제외한다'고 규정했다.
4. 지분기업과 피투자기업 간의 교차주식보유는 불가능하다. 이에 따라 지배구조가 복잡하고 내부구조조정이 필요한 기업은 각별한 주의가 필요하다.

익명투자자의 주주권리,
어떻게 보장받을까?

외국인투자기업 익명주주에 관한 규정

Ⅰ. 익명주주의 개념, 발생 원인 및 법적 위험

'익명주주'란 회사에 실제 투자했지만 회사 사칙, 주주명단이나 기타 공상등기 등에 주주 출자인으로 등기되지 않은 사람을 말한다. 이와 상대적인 개념은 '현명주주(顯名股東)', 또는 '명의주주(名義股東)'다. 현명주주는 회사사칙, 주주명단이나 공상등기 등에 등기돼 있는 사람으로 전부 또는 부분 투자를 실제로 하지 않았지만 주주자격요건을 갖춘 출자인을 말한다. 예를 들어 갑(한국), 을(중국) 두 사람이 출자해 A기업을 설립했다. 갑이 외국인인 관계로 중국 내에서 관련 사업을 하면 제한을 받을 수 있어 갑은 병에게 자신이 보유한 A기업 지분을 대리하도록 했다. 따라서 공상등기기관에 등록된 A기업의 주주는 을과 병이 됐다. 이 경우 갑은 A기업의 익명주주, 병은 현명주주 또는 명의주주이다.

익명주주는 외국인투자기업에 많이 존재하며 그 원인은 두 가지로 나뉜다. 첫째, 〈외자기업법〉 및 〈외국인 투자산업 지도목록〉에 따르면 외국인투자자의 중국투자는 투자산업·분야·방식 등에서 제한을 받고, 상응하는 행정심사를 거쳐야 하기 때문이다. 이런 제한을 피하기 위해 일부 외국인투자자는 익명투자 방법을 통해 중국 국내기업이나 중국인명의로 출자등기를 한다. 둘째, 외국인 투자자가 중국 및 자국의 이중세금부담을 피하기 위해서다. 정치적 상황, 사생활보호, 상업기밀, 투자지역의 차별대우 등을 이유로 익명투자 방식을 택한다.

외국인투자기업 중 익명투자 방식을 채택한 기업은 익명주주와 현명주주 간에 이익분배를 둘러싼 갈등 외에 기업 또는 제3자와의 법률 갈등이 발생할 수 있다. 익명주주의 최대 걱정은 주주자격 확인 문제다. 현명주주가 회사나 익명주주의 이익에 반하는 행위를 했을 때 쌍방 간에 익명투자협의를 맺었어도 법률규정에 따라 내부협의는 선의의 제3자에 대항할 수 없다. 선의의 제3자에게 있어 회사나 기업의 행위는 여전히 유효하다. 익명주주가 주주자격을 얻으려면 법원에 권리확인 소송을 제기해 법원의 판결을 얻은 후에야 주주 권리를 행사할 수 있다. 익명투자협의가 법원의 인정을 받지 못하면 채권채무 관계에 따라서만 처리할 수 있다.

Ⅱ. 중국 법률의 익명주주 인정 과정

중국에서 익명주주의 권리의무가 인정받기 위해서는 비교적 오

랜 시간이 걸렸다.

2002년 최고인민법원 민사재정서(2002민사종자제14호)는 '중외합자경영기업에서 익명주주의 주주권 인정 요구 주장은 행정심의나 행정소송으로만 해결할 수 있고 민사소송으로는 해결할 수 없다'고 규정했다.

2007년 상하이시 고급인민법원은 상하이 화교 상무 안건에 대해 원심을 깨고 명의주주에게 기한 내에 익명주주를 회사 주주로 변경하도록 판결했다.

그러나 2008년 〈전국 법원 홍콩마카오 관련 상업업무 심판 업무 좌담회 개요〉 23조에서 '외국인투자기업 비준서에 기재된 주주 외의 자연인, 법인 또는 기타 단체는 인민법원에 민사소송을 제기해 확인을 요청하고 …… 삼자기업(중외합자경영기업, 중외협작경영기업, 외국인 독자경영기업)의 주주 지위와 지분이 있는 자는 인민법원이 …… 주주 지위와 지분확정 소송을 기각한다'고 재차 확인했다.

2010년 최고인민법원은 〈외국인투자기업 분쟁안건 심사처리 문제에 관한 규정1(이하 '규정')〉 14조에서 '당사자 간에 일방은 실제 투자하고 다른 일방은 외자투자기업의 명의주주라고 약정한 뒤 실제 투자자가 외국인투자기업에서의 주주신분 확인이나 외국인투자기업 주주로의 변경을 요구하면 인민법원은 이를 승인하지 않는다'고 규정했다.

그러나 이하의 조건을 모두 갖췄을 경우 예외로 한다.

1. 투자자가 실제 투자를 했을 경우
2. 명의주주 이외의 기타 주주가 실제 투자자의 주주 신분을 인정

했을 경우

3. 인민법원이나 당사자가 소송 기간에 실제 투자자를 주주로 변경하는 것이 외국인투자기업 심사비준 기관의 동의를 얻은 경우이다.

〈규정〉은 익명주주의 사법처리 방향을 확정해 법원의 심리방법을 명확하게 했다. 〈규정〉은 '인민법원이 판결에서 익명주주의 주주 신분 및 지분을 인정하기 위해서는 반드시 14조의 3개 조건을 반드시 모두 갖춰야 한다. 특히 심사비준기관의 동의를 얻어야 한다'고 명시했다. 이와 함께 '명의주주의 위탁투자협의 이행에 관한 익명주주의 청구를 인민법원은 받아들일 수 있다. 위탁투자협의가 무효인 상황에서는 쌍방의 이익 형평성을 고려해 균형점을 찾아야 한다'고 밝히고 있다.

Ⅲ. 권리확인 소송 필수 제출증거

〈규정〉 14조의 3개 조건에 따라 익명주주는 권리확인소송을 할 때 주주신분과 주주권리 행사를 증명할 수 있는 증거를 제시해야 한다. 증거에는 다음의 6가지가 포함된다.

1. 익명주주와 명의주주 간의 익명투자 계약서나 협의서
2. 실제 투자 관련 증명(은행 계좌이체 기록, 수표 수취 기록, 현금 거래 증명서, 출자를 위한 부동산 명의 변경 수속 등)
3. 주주 신분으로 회사 경영 관리에 참여했다는 관련 증명
4. 기타 주주가 분명히 알고 익명주주 신분을 인정했다는 증거(기타 주주가 인정한 서면 성명서나 기타 주주가 익명주주를 인정

한다는 증거. 주주총회 결의, 주주총회 회의 기록 등)
5. 기타 관련 증거(회사설립 신청서 중의 주주 명단, 역대 주주 수익배당 은행 수취 기록)
6. 외국인투자기업 심사비준 기관이 익명주주를 명의주주로 변경하는 것에 동의한다는 관련 증거

Ⅳ. 익명투자계약의 법적 효력 여부

1. 익명투자계약이 유효하다는 것을 전제로 익명주주의 신분이 심사비준 기관의 비준을 얻지 못해도 익명주주는 법원에 현명주주의 익명투자계약 이행을 요구하는 소송을 낼 수 있고, 약정 의무를 이행했을 경우에는 당연히 소송을 낼 수 있다. 이런 방식을 통해 익명주주는 외국인투자기업 주주권 중의 재산권을 간접적으로 얻을 수 있다.

2. 익명투자계약이 유효하다는 것을 전제로, 〈외자기업분쟁 약간 규정(外企糾紛若干規定)〉 15조 제3항은 '쌍방이 익명투자계약에서 이익분배를 약정하지 않아 분쟁이 발생했을 경우 익명주주는 현명주주에게 외국인투자기업에서 얻은 재산수익을 합리적으로 분배하라는 소송을 제기할 수 있고, 인민법원은 이를 인정한다. 또한 현명주주도 맞고소나 별도고소를 통해 필요한 보수를 요구할 수 있고, 인민법원은 이를 고려해 판결한다'고 밝히고 있다.

3. 익명투자계약 무효 판결이 났을 경우 현명주주 명의의 주주권은 상황에 따라 다르게 처리한다.
(1) 〈외자기업분쟁 약간 규정〉 18조에 따라 현명주주가 보유한

주주권 가치가 실제 투자액보다 높을 경우, 인민법원은 현명주주가 주주권을 계속 보유하도록 판결할 수 있다. 단, 익명투자자의 투자액은 지불해야 한다. 주주권의 액면초과액 부분은 상황에 따라 쌍방이 합리적으로 분배한다.

(2) 〈외자기업분쟁 약간 규정〉 19조에 따라 현명주주가 보유하고 있는 주주권 가치가 실제 투자액보다 낮을 경우 현명주주가 익명주주에게 주주권 가치에 해당하는 투자액을 지불하도록 판결할 수 있다. 현명주주가 주주권을 포기하거나 주주권을 계속 보유하는 것을 거절할 경우, 인민법원은 현명주주가 보유한 외국인투자기업의 주주권을 경매, 매각해 익명주주에게 투자액을 반환하도록 판결할 수 있다. 관련 손실은 과실 원칙에 따라 분담한다.

이 밖에 〈외자기업분쟁 약간 규정〉 20조에 따라 익명주주와 현명주주가 악의적으로 결탁해 맺은 계약으로 국가와 단체 또는 제3자가 피해를 입어 무효화됐을 경우, 인민법원은 이로 인해 취득한 재산을 국가 소유로 몰수하거나 제3자에게 반환하도록 한다. 외국인투자자가 중국정부가 외국인 투자를 금지한 우편, 전신, TV방송국, 인터넷 게임 운영 등 업종에 진입하기 위해 익명투자 방식으로 해당 업종에 종사하는 내자기업의 경영권, 관리권을 통제해 수익 이전 행위를 하는 것은 '악의적인 결탁으로 국가와 단체의 이익을 해치는' 행위로 규정될 가능성이 있다.

중국의 외국인투자기업법은 익명투자 행위를 장려하지 않는다. 상기의 법률법규는 그저 현실에서 객관적으로 존재하는 익명투자 현상에 대한 것으로 법률의 틀 내에서 당사자의 민사권익을 구제하기 위한 것이다. 외국인투자기업이 익명투자 방식을 채택하면 익명투자자에게 비교적 큰 법적 위험이 따르므로 투자자는 이를 충분히 고려해야 한다. 때문에 투자자가 이 방식으로 투자할 때는 신중해야 하며 합법적인 주주권 등기 수속을 제때 하는 것이 위험을 예방하는 가장 좋은 방법이다.

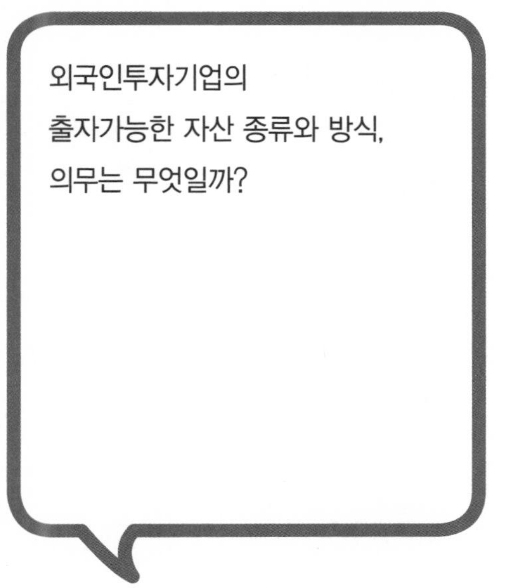

외국인투자기업 출자 관련 법률

외국인투자기업이 중국 각지에서 뿌리를 내리고 있다. 최근 중국 법조계에서는 이들 기업 설립 시의 출자상황에 대해 관심을 갖고 있다. 2005년 10월 27일 수정된 〈회사법〉 218조는 '외상투자유한책임공사와 주식유한공사에 대해서는 본 법을 적용한다. 외국인투자 관련 법률에 다른 규정이 있을 경우에는 해당 규정을 적용한다'고 명시하고 있다. 〈회사법〉 수정안 시행 이후 내·외자기업의 일부 문제에 적용되던 〈회사법〉이 통일됐다.

Ⅰ. 외국인투자기업의 출자가능 자산

외국인투자회사에 대해 〈외국인투자기업법(外商投資企業法)〉에 명확한 해당 규정이 있을 경우 그것을 우선하도록 돼 있다. 〈중외합자경영기업법〉 및 시행조례에 따르면 합영기업 각 측은 현금, 현물, 상표권과 특허권, 건물, 공장, 기계설비나 기타 자재, 노하우, 토지사용권 등으로 출자할 수 있다. 이 조례에는 또 각 출자방식에 따른 합작조건에 대해 명시했다.

〈외국인투자기업법〉 시행세칙에 따르면 외국인투자자는 교환가능한 외화로 출자할 수 있고 기계설비, 상표권과 특허권, 노하우 등을 현금으로 환산해 출자할 수 있다. 심사기관의 비준을 거쳐 중국 국내에 있는 다른 외국인투자기업에서 얻은 위안화 수익으로도 가능하다. 〈회사법〉에서 규정한 출자방식보다는 범위가 좁다. 때문에 실제 적용과정에서 각 지방 상공부처는 외자기업법 관련규정을 넘어 〈회사법〉 규정을 따른다.

Ⅱ. 외국인투자기업의 출자방식 확정 원칙

〈회사법〉에 분명하게 제시된 방식 외에 기타 출자방식을 확정할 때는 다음의 원칙을 따라야 한다.

1. 출자에 사용한 재산가치는 화폐로 확정 또는 평가할 수 있어야 한다. 그래야 주주가 출자한 회사의 자본금을 확정할 수 있기 때문이다.

2. 출자에 사용된 재산은 양도 가능해야 한다. 그래야만 유한공사가 전 재산으로 채무부담책임을 질 수 있다. 출자에 사용된 재산권과 그에 상응하는 권리는 주주의 출자행위 완료와 동시에 권리인이 주주에서 회사로 전환된다. 출자자는 자신이 출자한 재산에 대한 권리를 상실하지만 주주의 권리를 얻는 것, 이것이 출자행위의 법률적 의미다. 회사의 채무상환 시 재산은 회사로부터 채권자로 이전해 활용된다.

3. 출자에 사용된 재산 중에 법률, 행정법규에 출자재산으로 삼을 수 없다고 규정된 것이 있다. 화폐가치로 평가할 수 있고 유통 가능한 재산이지만 출자재산으로 삼을 수 없다고 규정된 것에는 절도품 등이 있다.

Ⅲ. 외국인투자기업 주주의 출자하자(瑕疵)

하자출자란 법률 또는 정관이 정한 출자관련 요구에 어긋나는 출자를 말한다. 구체적으로 다음과 같은 상황이다.

1. 출자미달(出資不足)

외국인투자법에는 중외합자 및 중외합작기업의 투자진도에 관한 강제조항이 없다. 따라서 이들 유형의 외국인투자기업은 출자와 관련하여 〈회사법〉의 적용을 받는다. 〈회사법〉 26조 1항은 '전체 주주의 첫 출자액은 등록자본의 20% 이상이어야 한다. 법정등록자본의 최저액보다 낮아서는 안 되며 나머지는 회사설립일로부터 2년 안에 불입 완료해야 한다(투자회사는 5년 내에 불입할 수 있다).'고 규정하고 있다. 이에 따라 중외합자기업, 중외합작기업 주주의 첫 출자액이 등록자본의 20% 미만이거나 2년(투자회사 5년) 내에 나머지 80%를 불입완료하지 않을 경우 주주의 출자미달이 성립된다. 외자기업은 약간 다르다. 〈외자기업법〉 30조는 첫 출자액이 외국인투자자가 약정한 출자액의 15% 이상이어야 하고, 마지막 출자는 사업자등록증 발급일로부터 3년 내에 완료돼야 한다고 정하고 있다.

이상의 규정에 어긋나는 상황을 '출자미달'이라고 한다.

2. 출자미흡(不適當出資)

출자미흡이란 협의사항이나 정관 또는 법률이 규정한 출자의무를 완전히 이행하지 않은 것으로, 출자부실(出資不實)과 출자물결함(出資標的瑕疵)이 포함된다. 출자부실이란 실제 출자액이 약정액보다 적은 경우, 즉 출자한 현물이나 상표권 및 특허권 혹은 토지사용권 등의 실제 가치가 정관이나 재산평가보고서에 기재된 금액보다 현저하게 낮은 경우를 말한다.

출자결함이란 주주가 제공한 재산의 품질 내지 권리에 결함이 있는 것을 말한다. 예컨대 제공한 목적물이 정관이나 약정 또는 국가가 규정한 품질기준에 부합하지 않거나 제공한 목적물에 제3자의 합법적인 권리가 존재하여 제공된 재산을 회사가 합법적으로

점유하거나 사용 혹은 처분하는 데 영향을 끼치는 상황이다.

3. 허위출자(虛假出資)

허위출자란 주주가 표면적으로 출자의무를 이행했으나 실제로는 회사의 출자증명을 사취하고 실질적인 출자는 이뤄지지 않은 상황을 말한다. 주주가 화폐 및 현물을 제공하거나 재산권을 양도하지도 않았으면서 주주권을 얻은 경우다.

4. 가장납입(抽逃出資)

가장납입이란 주주가 출자의무 이행 후 불법적으로 출자액의 전부 또는 일부를 돌려받고도 주주신분을 계속 유지하는 상황, 허위거래관계를 만드는 것을 말한다. 회사와 주주 간에 매매관계를 맺어 회사가 주주의 등록자금 전부나 일부를 주주 개인의 소유로 귀속시키는 경우다.

Ⅳ. 외국인투자기업 주주 하자(瑕疵)출자의 법적 결과

출자의무는 회사에 대한 주주의 가장 기본적인 의무다. 하자출자는 회사이익은 물론 채권자의 이익을 침해하므로 상응하는 법적 책임을 져야 한다.

1. 출자완료 주주에 대한 법적 책임

〈외국인투자기업법〉에 따르면 중외합자경영기업의 주주가 약정대로 출자하지 않았을 경우 계약규정에 의거 연체이자나 손실을 배상해야 한다. 즉 합작조건을 이행한 측에 대해 귀책원칙에 따라 엄격한 책임을 져야 한다. 주주의 출자하자행위가 발견되면 그 고의성 여부와는 무관하게 연체이자를 지불하여 손실을 배상하거나 이미 출자를 완료한 주주에게 위약책임을 져야 한다.

2. 회사에 대한 법적 책임

주주의 출자의무불이행은 회사라는 독립법인의 재산권을 침해하는 행위다. 일반적으로 회사에 대한 주주의 출자하자 책임은 위약책임과 권리침해책임으로 나뉜다. 〈회사법〉과 최고인민법원의 〈회사법 적용에 관한 몇 가지 문제에 관한 규정 3(이하 '사법해석 3')〉은 주주가 출자하자 시 져야 할 책임방식에 관한 규정을 담고 있다. 〈회사법〉 28, 94조에 의하면 하자출자 주주는 회사에 대한 추납책임을 져야 하고, 그 책임방식에 관해서는 〈사법해석 3〉의 규정이 보완하고 있다. 발기인이 출자미납 주식청약협의를 해제하는 것과 회사에 손실을 입힌 주식청약인의 배상책임(6조), 하자출자 주주의 지속적이고 전면적인 책임이행(13조), 하자출자한 주주에 대한 주주자격해제(18조) 등에 대해 명시하고 있다.

3. 채권자에 대한 법적 책임

주주의 하자출자는 회사가 채무청산 시 회사재산으로 채무를 상환할 수 없는 상황을 야기, 채권자가 채권을 보장받지 못하는 경우가 발생할 수 있다. 이에 〈회사법〉 20조는 회사에 대한 '법인인격 부인제(法人人格否認制度)'를 명시했다. 채권자 이익보호에 있어 중요한 의미를 가지는 제도다.

그러나 〈회사법〉에는 하자출자 주주가 회사채권자에게 져야 할 민사책임에 대해서는 구체적인 규정이 없다. 따라서 실제 상황에서 〈회사법〉의 법인격부인제도를 이용해 출자하자 주주의 민사책임을 어떻게 추궁해야 할 것인지 사법해석을 세분화할 필요가 있다.

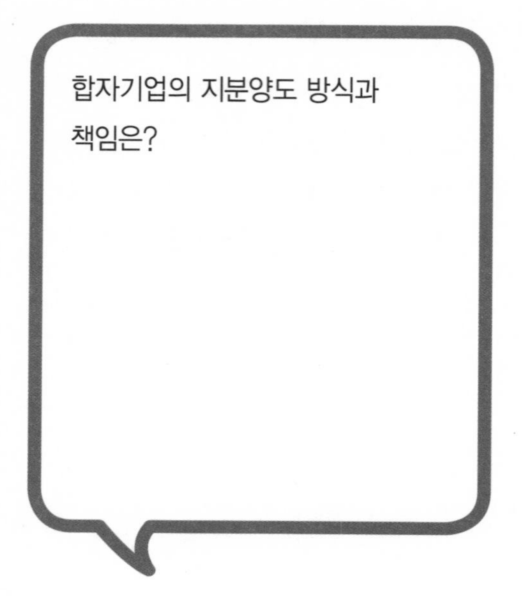

외자기업 지분양도 관련 법률

[사례]

2007년 한국의 A사와 중국기업 B사가 각각 등록자본금의 50%인 1,000만 위안을 출자해 중국 베이징에 합자회사를 설립했다. B사의 대표가 합자회사의 법정 대표를 맡고, A사의 대표가 합자회사 회장을 맡았다. 양측은 각자 맡은 직책에 따라 합자회사를 공동으로 경영, 관리하기로 약정했다.

2008년 A사는 경영전략에 변동이 생기면서 긴급자금이 필요하게 됐다. 이에 A사와 B사는 「지분양도협의」를 체결하고, A사가 보유하고 있던 합자회사의 지분 30%를 800만 위안에 B사에 양도하고, B사는 2회에 걸쳐 양수금을 전액 지급하기로 합의했다. 협의에 따르면 B사는 지분양도협의 체결 후 7일(근무일 기준) 안으로 500만 위안을 지불하고, 지분변경등록 수속을 전부 마친 뒤 3일(근무일 기준) 안으로 300만 위안을 지불해야 한다. 그러나 양측 협의 체결 후 B사는 1차 양수금은 지불했지만 공상관리부서에 가서 지분변경수속을 밟지 않았다.

A사는 B사에 지분변경수속 및 지분 양수금 잔액 지급을 여러 차례 독촉했지만 효과가 없자 2009년 5월 B사를 상대로 법원에 소송을 제기했다. 당시 합자회사는 경영난으로 6개월 동안 적자를 기록한 상태였다. 이에 B사는 '양측이 체결한「지분양도협의」가 관련 부처의 허가를 받지 않았기에 무효 계약'이라고 주장하며 A사를 상대로 B사에서 이미 지불한 500만 위안의 양수금을 환불하라고 맞소송을 제기했다.

법률분석

중국경제 개방도가 높아지고 투자환경이 개선되면서 많은 외국기업과 외국인이 중국기업과 합자 또는 합작 방식으로 중국에서 생산·경영활동을 하고 있다. 외국투자기업의 분쟁 중 지분양도 분쟁이 최근 몇 년간 눈에 띄게 증가했다.

중국 최고인민법원에 따르면 2009년 심리한 외자기업 관련 분쟁안건의 약 20%가 지분양도 분쟁이었던 것으로 집계됐다. 중국은 일찍이 외자기업의 지분양도와 관련된 행정심사 절차를 법으로 규정했다. 이는 외자기업의 지분변경에 대한 감독관리를 강화하는 데 목적이 있었지만 현실적으로는 지분거래의 불안정성을 초래해 일부 불성실한 계약 당사자들의 편의를 도모해주는 꼴이 되고 말았다.

실제로 지분양도 계약 체결 후, 지분가치가 상승한 경우에는 지분 양도인이 계약 무효를 법원에 청구하고, 반대로 지분 가치가 하락한 경우에는 양수인이 계약 무효를 법원에 청구하는 사례가 빈번했다. 위의 A사와 B사간 분쟁이 전형적인 사례다.

2009년 11월 23일 중국 최고인민법원은 〈외국투자기업 분쟁사건 심리 관련 약간 문제에 대한 규정 1 의견수렴안(最高人民法院關于審理外商投資企業糾紛案件若干問題的規定壹征求意見稿, 이하 '규정 1')〉을 통해 이 같은 문제에 대해 과거와 다른 사법해석을 내놓았다. 동 규정 출범 전까지 중국내의 외자기업은 중국의 〈민법통칙(民法通則)〉, 〈계약법(合同法)〉, 〈회사법〉, 〈중외합자경영기업법〉, 〈중외합작경영기업법〉, 〈외자기업법〉 등 법률 규정을 따라야 했다. 〈계약법〉 제44조 2항은 '법률 및 행정법규에서 심사허가, 등록 등 수속을 해야만 효력이 발생한다고 규정한 계약은 그 규정에 따른다'고 명시하고 있다. 〈중외합자경영기업법 실시조례〉 20조 1항은 '합자경영 일방이 제3자에게 전부 또는 일부 지분을 양도할 경우 반드시 합자경영하는 다른 일방의 동의를 거쳐야 한다. 또 심사허가기관에 상정해 허가를 받은 뒤 등록관리기관에서 지분변경 등록 수속을 밟아야 한다'고 규정했다. 〈외국투자기업투자자 지분변경 관련 약간 규정〉 3조는 '기업투자자의 지분 변경은 중국의 관련 법률법규를 준수해야 하고, 동 규정에 따라 심사허가기관의 허가를 받고 등록기관에 변경등록을 해야 한다. 심사허가기관의 허가를 받지 않은 경우 지분변경은 효력이 없다'고 규정했다. 또 7조에서는 '기업투자자의 지분변경을 심사·허가하는 기관은 해당 기업의 설립을 심사·허가한 심사허가기관을 가리킨다'고 규정했다.

기존 법률 규정에 따르면 외자기업의 지분변경 계약은 관련 기관의 심사·허가를 받지 않은 경우 '계약 무효'로 처리되는 것이 관례였다.

그러나 새로 등장한 〈규정 1〉은 이 문제에 대해 다음과 같이 규정하고 있다.

'외자기업이 설립, 변경 등과 관련해 체결한 계약은 법률, 행정법규의 규정에 따라 외자기업 심사·허가기관의 허가를 받은 후 효력이 발생한다. 허가를 받지 않으면 인민법원은 그 계약의 효력이 발생하지 않은 것으로 간주한다. 계약 당사자들이 관련 계약의 일부 조항과 관련해 보충계약을 체결했으나 보충계약에 대해 관련 기관의 심사허가를 받지 않은 경우 만약 그 내용이 이미 외자기업 심사허가기관의 허가를 받은 계약 내용의 중대하거나 실질적인 변경이 아니라면 인민법원은 보충계약이 허가를 받지 않았다는 것을 이유로 효력이 없다고 판단할 수 없다. 앞에 언급한 중대하거나 실질적인 변경이라 함은 등록자본금, 회사 유형, 경영범위, 영업기간, 주주출자액, 출자방식, 회사합병·분할 등 관련 변경이나 복수 심사허가기관이 관할하는 주소변경, 지분변경 등을 가리킨다.'

위의 새로운 사법해석은 심사허가를 받지 않은 외자지분변경 계약을 '효력이 발생하지 않은 (미발효) 계약'으로 취급했다는 것을 알 수 있다.

'계약무효'와 '미발효'는 단순한 글자 차이가 아니라 완전히 다른 법률 개념으로, 현실적 의미에도 차이가 있다.

'계약의 발효'는 당사자들 간에 있어 계약의 법률적 효력이 이미 발생한 경우를 가리킨다. 당사자들은 계약 발효 후 계약 약정에 따라 각자 의무를 이행해야 한다.

'계약무효'에 대해 살펴보자. '계약 무효'는 계약이 계약 당사자들에 대해 법적 구속력을 가지지 않는다. 계약 당사자 일방은 다른 일방에게 약정의무이행을 청구할 수 없다. 계약 무효 경우에는 계약 당사자의 의지에 따르지 않고 법률 규정에 따라 처리된다. 〈계약법〉 58조는 '계약이 무효 또는 취소된 후 해당 계약으로 인하여 취득한 재산은 반환해야 한다. 반환할 수 없거나 반환할 필요가 없을 경우에는 감가상각 배상한다. 과실이 있는 일방은 상대방이 이로 인하여 입은 손실을 배상하여야 하며 쌍방이 다 과실이 있으면 각자가 해당 책임을 부담해야 한다'고 명시되어 있다.

59조는 '당사자가 악의적으로 공모하여 국가, 집단 또는 제3자의 이익을 침해하여 취득한 재산은 국가소유로 하거나 집단, 제3자에게 반환한다'고 정하고 있다.

요약하면 '계약무효'의 경우에는 해당 계약으로 인해 취득한 재산을 반환하고 과실 정도에 따라 책임을 부담한다. 따라서 지분양도 관련 분쟁에서 지분양도 계약이 무효화된 경우에는 양도인 혹은 양수인을 막론하고 모두 상대방에게 지분 변경 수속을 요구하지 못한다. 아울러 쌍방은 계약 무효 규정에 따라 지분양도금을 반환하고 상대방의 손실을 보상해야 한다. 계약 무효의 규정 때문에 일부 불성실한 양도인 혹은 양수인이 상대방의 손실을 보상하는 한이 있더라도 계약 무효를 주장하는 경우가 있었다. 그들이 상대방의 손실을 보상하고 나서도 훨씬 더 많은 이익을 얻을 수 있었기 때문이다.

그러나 계약이 '미발효'인 상태에서는 상황이 다르다. 이 경우 계약은 양측 당사자에 대해 법적 구속력을 가지며 양측 당사자의 의사를 충분히 존중하는 전제 하에 양측의 협상을 통해 해결해야 한다. 지분양도 계약의 경우, 당사자들 간 계약이 이미 체결되었으나 행정적 심사허가를 받지 않음으로 인해 계약이 발효되지 않은 상황에서 심사허가 요청의무가 있는 당사자는 그 의무를 이행해야 한다. 심사허가 요청의무가 있는 당사자가 지분 가치 변동에 따른 이익을 얻기 위해 그 의무를 이행하지 않는 경우, 법원은 당사자에게 심사허가 요청의무를 이행하도록 판결할 수 있다.

〈규정 1〉 4조에 따르면 양도인과 양수인이 외자기업 지분양도계약을 체결했으나 외자기업 심사허가기관의 심사허가를 받지 않음으로써 양수인이 양도인에게 심사허가 신청의무 이행을 청구한 경우 인민법원은 해당 외자기업을 제3자로 지정해 양도인과 제3자에게 시한부 의무이행 명령을 내릴 수 있다. 지분변경 심사허가 신청의무가 있는 당사자가 해당 의무를 이행하지 않거나 혹은 의무이행을 지연함으로 양수인이 소송을 통해 계약 해지, 양도금 반환 혹은 손실 보상을 청구하는 경우 인민법원은 양수인의 청구를 받아줘야 한다. 손실 배상 범위에는 양수인이 이미 지급한 지분 양도금, 양도인의 지분 수익 및 양수인의 기타 손실에 대한 합리적인 보상 등이 포함된다.

지분변경은 산업정책 및 기타 외자관리 규정과 관련된 것으로 행정기관의 심사허가가 필요한 사항이다. 따라서 인민법원은 '지분을 변경하라'고 직접 판결하지 못하고 다만 지분변경 심사허가 신청의무자에게 시한부 의무 이행을 명령할 수 있다. 상무부의 관련 규정에 따르면 지분변경 심사허가 신청의무자는 해당 외자기업이지 외자기업의 주주가 아니다. 그런데 지분양도계약의 양측 당사자는 지분 양도인과 지분 양수인이다. 계약의 상대성 원칙에 따르면 계약 당사자 일방은 반드시 계약에 의거 상대방에게 의무 이행을 청구할 수 있다. 따라서 이 경우 계약 주체가 혼동될 수 있다.

새로운 사법 해석은 외자기업을 계약의 제3자로 지정해 계약 당사자 일방과 함께 시한부 의무 이행을 명령함으로써 일부 불성실한 당사자가 계약 주체의 자격 미달을 이유로 민사책임을 피하는 행위를 방지했다.

외국인의 중국기업 M&A 성공,
이것만은 꼭 알자!

외국인 국내기업 인수합병 안전심사제도

2010년 중국의 외국자본 유입량은 연평균 400억 달러로 미국에 버금가는 세계 제2대 외국인직접투자(FDI) 유치국이 됐다. 또한 현재 세계 500대 글로벌 기업 중 480개 기업이 다양한 방식으로 중국에 투자하고 있다. 중국이 대외개방을 확대함에 따라 글로벌 기업들은 직접적인 인수합병(이하 M&A) 형태로 일부 핵심산업에 대한 통제력을 강화하고 있으며 그 중 일부는 이미 중국 국가경제 안전과 안정에 중대한 영향을 미치고 있다.

Ⅰ. 외자 M&A 안전심사 입법 현황

중국정부는 중국기업에 대한 외국투자자의 M&A를 단계적으로 발전시키고 국가안보를 수호하기 위해 외자 M&A 관리감독에 관한 일련의 법률과 법규를 잇따라 마련했다. 현재 〈민법통칙〉, 〈계약법〉, 〈회사법〉, 〈증권법(證券法)〉을 핵심으로 하는 거래법률시스템을 구축한 상태다. 이 밖에 〈상무부 외자사에서 하달한 '외상투자 진입관리 지도매뉴얼'에 관한 통지(商務部外資司關于下發<外商投資准入管理指引手冊>的通知)〉와 〈외국인 투자산업 지도 목록〉 등에는 외자투자가 제한, 금지되는 산업에 관한 규정이 포함돼 있다. 외자 M&A 안전심사에 관한 법률법규는 다음과 같다.

1. 전(前) 대외무역경제협력부 국가공상행정관리국은 1999년 9월 〈외국인투자기업의 M&A와 분리에 관한 규정(外商投資産業指導目錄)〉을 발표함으로써 중국정부가 외자 M&A를 심사하는 과정에서 반독점 심사를 하겠다는 뜻을 처음으로 분명히 했다.

2. 국무원은 2002년 2월 〈외국인 투자방향 지도규정〉을 발표했다. 해당 규정 7조는 '국가안보를 위협하거나 사회공공이익에 해가 되는' 분야에 대한 외자투자를 금지하고 있다. 그러나 이 규정과 규정에 첨부된 〈외국인 투자산업 지도목록〉 모두 국가안보와 사회공공이익에 관한 내용이나 범위, 악영향의 기준에 대해서는 규정하고 있지 않다.

3. 상무부, 외환관리국 등 6개 부처는 2006년 8월 〈외국투자자의 중국기업 M&A에 관한 규정(關于外國投資者並購境內企業的規定)〉을 발표했다. 이 규정 12조는 '외국투자자가 주요업종, 국가

경제안보에 영향을 끼칠 가능성이 있는 분야 또는 유명 브랜드 소유 기업이나 전통있는 중국기업을 M&A해 실 지배권을 소유할 경우에는 당사자가 바로 상부무에 신고해야 한다'고 명시하고 있다. 당사자가 신고하지 않은 M&A가 국가경제안보에 중대한 영향을 미쳤거나 미칠 가능성이 있는 경우, 상무부는 관련 부처와 함께 당사자에게 거래중단, 관련 주식 및 자산 양도 혹은 다른 유효 조치를 통해 M&A가 국가경제 안보에 끼친 영향을 없애도록 요구할 수 있다. 이전에 반포됐던 동명의 임시규정을 세분화하고 개선한 이 규정은 외자기업의 M&A 범위를 더욱 엄격하게 제한했으며 중국 반독점법의 기초로 볼 수 있을 만큼 심사 절차와 반독점 심사를 강화했다.

4. 전국인민대표대회 상무위원회는 2007년 8월 〈반독점법(反壟斷法)〉을 통과시켰다. 외자 M&A 반독점에 관한 모법(母法)으로서 〈반독점법〉은 독점협의, 시장지배적 지위 남용 금지, 경영자집중(經營者集中, 기업 M&A)의 세 가지 제도에 대한 총체적 규정을 담고 있다. 〈반독점법〉 31조는 '외자의 중국기업 M&A나 다른 방식의 경영자집중이 국가안보와 관계가 있을 경우 이 법 규정에 의거해 경영자집중심사를 받는 것 외에 국가 관련 규정에 따라 국가안보심사를 받아야 한다'고 규정하고 있다. 반독점법은 외자의 중국기업 M&A에 대해 반독점 심사와 국가안보 심사를 동시에 실시하는 '이중심사' 모델을 확립했다. 그러나 이를 제외하면 명확한 규정이 부족하다. 그러므로 여전히 세부적 법률법규 마련이 시급하고 상세하고 실질적인 M&A 평가기준과 절차 규정을 제정하여 반독점법 시스템을 개선할 필요가 있다.

Ⅱ. 중국 외자 M&A 안전심사제도 구축

〈반독점법〉 중 국가안전에 관계된 규정은 법률적 측면에서 마련한 원칙성 규정이다. 이들 규정은 '국가안전에 영향을 미치는' 외자 M&A를 명시하고 심사해야 한다고 밝히고는 있지만 구체적인 심사방식, 기구, 절차 등에 대해서는 언급하지 않았다. 국무원은 2010년 4월 9호 문건 〈더욱 효과적인 외자활용 업무에 관한 약간 의견(이하 '9호 문건')〉을 발표했다. 〈9호 문건〉은 중국이 WTO에 가입한 이후 외자를 이용했던 경험을 총 정리한 후 개방을 더욱 확대해 외자업무를 잘 수행해야 한다는 내용을 담고 있다. 문건의 12조에는 '외자가 주식 투자나 M&A 방식으로 중국기업의 개혁, 개편과 M&A 구조조정에 참여하는 것을 독려해야 한다. A주식시장에 상장한 기업의 국내외 전략적 투자자 유치를 지지해야 한다. 외자의 주식투자와 M&A를 규범화해야 한다. 법에 의거해 반독점 심사를 실시하고 외자 M&A 안전심사제도 구축에 박차를 가해야 한다'고 밝히고 있다. 이를 통해 중국정부가 중국기업에 대한 외자 M&A를 격려하는 동시에 이를 규범화하려는 입장인 것을 알 수 있다.

국무원 판공청은 2011년 2월 11일 〈외국투자자의 중국기업 M&A 안전심사 제도에 관한 통지(關于建立外國投資者並購境內企業安全審查制度的通知), 이하 '통지')〉를 발표했다. 〈통지〉의 발표는 중국경제가 세계경제시스템으로 편입되면서 국가 경제안보가 점차 악화하고 있음을 반증하는 것이다. 중국정부는 중국기업에 대한 외자 M&A 안전심사를 항시적 메커니즘으로 구축하고 중국으로 유입되는 외자의 질과 구조를 더욱 개선할 계획이다.

외자 M&A 안전심사제도는 국가안전수호를 원칙으로 하며 중점 심사기준은 다음 4가지다.

1. 국방에 필요한 제품생산능력, 서비스 제공능력, 관련 설비에 M&A 거래가 미치는 영향
2. 중국경제의 안정적 운영에 미치는 영향
3. 사회의 기본생활질서에 미치는 영향
4. 국가안전과 밀접한 핵심기술 연구개발(R&D)에 능력에 미치는 영향

외자 M&A 안전심사제도에서는 위의 4가지 기준에 따라 M&A 안전심사가 필요한 범위를 규정했다. 아래와 같은 두 가지다.

1. 외국투자자가 중국 군수 및 군수 부품 기업, 중요하고 민감한 군사설비 관련 기업 및 국방 안전에 연관된 기타 기업을 M&A 하는 경우
2. 외국투자자가 국가안보와 관련된 주요 농산품, 에너지, 자원, 기초인프라, 운수 서비스, 핵심기술, 장비제조 등의 기업을 M&A하고 실질적인 지배권을 취득 한 경우

이 같은 내용을 통해 안전심사가 국가안보수호를 핵심으로 하고 있으며 심사범위가 군용, 국방, 에너지, 기초인프라 등에 상대적으로 집중됐다는 것을 알 수 있다. 그러나 위 분야에 관계됐다고 바로 안전심사를 실시하는 것은 아니다. 해당 분야에 포함되고 실질적인 지배권이 외국투자자에게 있는 경우에만 안전심사를 실시한다. 〈통지〉 1조 3항은 실질적 지배권을 획득하는 방식의 몇 가지 예를 언급했다.

〈통지〉에 따르면 안전심사는 일반심사와 특별심사 두 가지로 나뉜다. 일반심사는 연석회의 구성 부처나 관련 업계 주무부처의 서면의견을 받는 방식으로 모든 관련 부처에서 M&A가 국가안보에 영향을 미치지 않는다는 의견을 제출하면 심사가 종료된다. 절차가 간단하고 심사 소요시간이 비교적 짧다. 특별심사는 일반심사 과정 중 어떤 부처에서 M&A가 국가안보에 영향을 줄 가능성이 있다는 의견을 제시할 때 실시한다. 연석회의는 안전평가업무를 담당하고 평가의견을 종합해 안전심사회의를 개최하며 의견이 대체로 일치되면 회의에서 결정을 내린다. 그러나 중대한 이견이 발생할 경우 서면으로 국무원에 결정을 요청한다. 안전심사 과정 중 신청인은 거래양식을 수정하거나 M&A 거래를 해지할 수 있다.

〈통지〉에서는 이 밖에도 외자 M&A 안전심사 내용, 업무 메커니즘 등에 대해 규정하고 있다. 홍콩 특별행정구, 마카오 특별행정구, 타이완투자자에 의한 M&A도 〈통지〉의 규정을 참고해 시행할 것을 규정하고 있다. 중국 금융기관 M&A에 대한 안전심사는 별도로 규정하고 있다.

경제 글로벌화가 진행됨에 따라 다국적 M&A는 다국적투자의 중요한 형태로 자리잡았다. 중국정부가 개방을 확대하는 가운데 이런 심사 제도를 도입한 것은 외자활용정책의 법률시스템을 개선함으로써 투명성과 예측가능성을 제고하고 외자 M&A의 단계적 발전을 촉진하기 위해서이지 앞으로 외자통제정책을 실시할 것이라는 뜻은 아니다. 상무부는 현재 관련 신청을 수리하는 부처이자 연석회의의 중요한 구성원으로서 비교적 상세하고 활용가능한 안전심사 시행방법을 제정하고 있다. 시행세칙은 업계 의견 수렴 후 조속한 시일 내에 마련될 것이다.

효과적인 비즈니스 모델 프랜차이즈,
중국은 어떻게 외국인 프랜차이즈를
관리하고 있을까?

외자기업의 프랜차이즈경영

최근 프랜차이즈경영이라는 비즈니스 모델이 빠르게 발전하고 있다. 저비용, 저위험, 고효율이 특징인 프랜차이즈경영은 유통서비스업뿐 아니라 제조업까지 그 범위가 커지면서 시장경제의 볼륨화, 글로벌화, 자원분배 최적화에 적합하다는 것이 증명됐다. 세계 유명 브랜드인 코카콜라, 월마트, 맥도날드 같은 다국적 기업들은 모두 프랜차이즈경영으로 큰 성공을 거뒀다. 2000년 WTO 가입 이후 중국에서도 프랜차이즈경영이 빠르게 발전했다. 현재 요식, 소매, 세탁, 실내 인테리어 등 많은 업종까지 활용범위가 확대되고 있다.

프랜차이즈경영이 빠르게 발전하면서 프랜차이저(프랜차이즈 체인의 본부 혹은 총판권을 주는 사람)와 프랜차이지(프랜차이즈 가맹점) 간의 분쟁도 갈수록 늘어나고 있다. 중국 내 프랜차이즈 업계의 경영질서를 확립하고 건전한 발전을 위해 2007년 2월 중국 국무원은 〈상업 프랜차이즈경영 관리조례(商業特許經營管理條例, 이하 '관리조례')〉를 공식 발표했다. 그 뒤 상무부는 〈상업 프랜차이즈경영 신고 관리 방법(商業特許經營備案管理辦法)〉과 〈상업 프랜차이즈경영 정보 공개 관리 방법(商業特許經營信息披露管理辦法)〉을 발표했고, 〈관리조례〉를 등록 및 정보공개 두 분야의 시행세칙으로 삼았다. 이로써 외자기업이 중국 내에서 프랜차이즈경영을 하는데 명확한 법률적 근거가 생겼다. 2011년 11월 7일 상무부는 〈상업 프랜차이즈경영 서류 관리 방법(商業特許經營備案管理辦法)〉을 수정해 2012년 2월 1일부터 시행하도록 했다. 2012년 1월 18일에는 〈상업 프랜차이즈경영 정보공개 관리 방법〉을 수정해 2012년 4월 1일부터 시행하도록 했다. 두 개 〈방법〉에 대한 수정은 중국 내에서 시행되는 프랜차이즈 비즈니스 모델 특징을 확립한 동시에 법률법규를 조정한 것이다.

Ⅰ. 자격 조건

〈관리조례〉 3조는 '상업 프랜차이즈경영이란 상표등록 기업 로고 특허 노하우 등 경영자원을 가진 기업이 계약을 통해 기업이 보유한 경영자원을 다른 경영자가 사용할 수 있도록 허가하고, 프랜차이지가 계약에 따라 동일한 경영방식으로 경영하고 프랜차이저에게 프랜차이즈경영 비용을 지불하는 경영활동이다. 기업 외의 기타 기관이나 개인은 프랜차이저로 프랜차이즈경영을 할 수 없다'고 규정하고 있다. 7조에는 '프랜차이저는 성숙한 경영모델을 보유해야 하고, 프랜차이지에게 경영노하우 및 기술지원, 업무교육 등

서비스를 지속적으로 제공할 수 있는 능력이 있어야 한다'고 돼 있다. 또 '프랜차이저는 1년 이상 경영한 직영점을 최소 2개는 보유하고 있어야 한다'고 명시하고 있다.

중국에서 프랜차이즈경영을 하려면 다음의 조건을 갖춰야 한다.

1. 프랜차이저는 반드시 기업이어야 한다. 기업 이외의 기타 기관이나 개인은 안 된다.
2. 프랜차이저는 성숙한 경영모델을 보유해야 한다. 성숙한 경영모델이란 기업이 현재 가진 자원을 합리적으로 배분하고, 인적자원 자금 유·무형 자산의 기능을 최대한 발휘해 경영상 존재하는 위험에 효과적으로 대처하고, 빠르게 시장을 점유하여 이윤을 획득하는 것이다.
3. 프랜차이저는 프랜차이지에게 경영노하우를 전수하고, 기술지원, 업무관련교육 등 서비스를 지속적으로 제공할 능력을 갖춰야 한다.
4. 프랜차이저는 직영점을 최소 2개 보유해야 하고, 경영기간도 1년 이상이어야 한다. 직영점이란 프랜차이저가 소유한 점포로 프랜차이저가 소유하거나 지분을 보유한 점포, 프랜차이저 관련 기업이 포함된다. 직영점은 프랜차이저와 같은 브랜드로 같은 사업을 해야 한다. 그러나 일부 특수업종의 직영점인증은 상무부의 재량에 맡긴다. 예를 들어 호텔 같은 경우 호텔관리회사가 직접 경영·관리하는 호텔을 직영점으로 간주한다. 인터넷쇼핑, 원격 교육 등 일반적으로 유형(有形)의 점포가 없는 업종은 동종업계의 상황에 따라 〈관리조례〉 7조의 규정을 융통성 있게 적용한다.

〈관리조례〉는 기존의 〈상업 프랜차이즈 관리 방법〉보다 절차를 간소화해 중국에 프랜차이즈 방식으로 투자하려는 외자기업의 투자가 한결 수월해졌다. 기존의 〈상업 프랜차이즈경영 관리 방법〉에는 프랜차이저가 프랜차이즈경영을 시작하려면 관련 정부부처의 심사와 비준을 거쳐 프랜차이즈경영허가증을 받아야 했다. 그러나 신조례는 이 과정을 삭제했다.

Ⅱ. 신고제도(備案制度)

프랜차이즈경영은 성격상 계약행위에 속한다. 프랜차이즈경영 활동에 종사하는 것은 당사자의 민사권리로 정부는 이에 대해 행정심사와 비준, 규제를 할 수 없다. 그러나 경영활동에 대해 기본적인 관리 감독을 함으로써 시장질서를 유지하고 당사자의 합법적인 권익을 보호해야 한다. 때문에 〈관리조례〉에서는 프랜차이저의 '신고제도'를 마련했다. 〈관리조례〉 8장에는 '프랜차이저는 프랜차이즈경영계약을 처음 맺은 지 15일 내에 본 조례의 규정에 따라 상무 주관부처에 서류를 제출하고 신고해야 한다. 성, 자치구, 직할시에서 프랜차이즈를 운영하는 기업은 소재지의 성, 자치구, 직할시 인민정부 상무 주관부처에 서류를 제출·신고한다. 여러 성, 자치구, 직할시에서 프랜차이즈를 운영하려는 기업은 국무원 상무부 주관부서에 서류를 제출·신고한다'고 정하고 있다. 상무부는 같은 날 발효된 〈상업 프랜차이즈 신고 관리 방법〉에서 신고제도의 구체적인 내용에 대해 설명했다. 신고제도의 기본 내용은 다음과 같다.

1. 프랜차이즈경영 신고는 강제신고와 사후신고가 결합된 형태다.

〈상업 프랜차이즈 신고 관리 방법〉 7조는 '프랜차이저는 처음 계약 체결일부터 15일 내에 본 조례의 규정에 따라 상무 주관부처에 서류를 제출해 신고한다'고 명시하고 있다. 이를 통해 중국의 현 규정이 자율신고, 사후신고제가 아닌 강제신고, 사전신고제임을 알 수 있다. 이 규정은 국가가 프랜차이저를 관리함과 동시에 프랜차이즈 업계를 장려한다는 원칙을 나타낸 것이다. 규정에서 언급한 '프랜차이즈경영계약 체결'이란, 프랜차이저가 프랜차이즈경영 활동 중 체결해 효력이 발생, 첫 번째 프랜차이지로 하여금 그 자원을 사용할 수 있도록 한 프랜차이즈경영계약서를 말한다. 프랜차이저가 규정된 시간 내에 서류를 제출하고 신고하지 않으면 상무 주관부처는 해당 프랜차이저에게 서류제출 및 신고를 명령할 수 있고, 직접 처벌할 수도 있다.

2. 신고주체의무

규정에 따라 신고주체는 반드시 아래의 의무를 이행해야 한다.

(1) 프랜차이저는 조례에 규정된 시간과 순서에 따라 유관부처에 신고한다. 신고 시에는 법정자료를 제출해야 한다.
(2) 프랜차이저가 신고한 내용에 변화가 생기면 변동사항 발생 30일 내에 신고기관에 변경 신고한다. 변경 신고해야 하는 내용은 프랜차이저의 상업 프랜차이즈경영 기본 상황, 중국 내 전체 프랜차이지의 점포 분포 상황 및 프랜차이저의 시장 계획서를 포함한다. 이 밖에 프랜차이저는 매년 3월 31일 이전에 전년도 계약체결, 해지, 갱신 등 변경된 프랜차이즈 계약상황을 서

류 제출기관에 보고한다.

3. 신고접수 부처의 권한 및 직책

중국은 '2급 신고제도'를 취한다. 성, 자치구, 직할시 내에서 프랜차이즈경영 활동을 하는 기업은 프랜차이저가 소재한 성급 상무부처에 신고한다. 여러 성, 자치구, 직할시에서 프랜차이즈경영 활동을 하는 기업은 상무부에 신고한다. 〈관리조례〉 25조는 '프랜차이저가 본 조례 8조 규정에 따라 상무 주관부처에 신고하지 않을 경우 상무 주관부처는 기한 내에 신고하도록 명령하고, 1만 위안 이상 5만 위안 이하의 벌금을 부과한다. 기한이 넘어도 신고하지 않으면 5만 위안 이상 10만 위안 이하의 벌금을 부과하고, 프랜차이저에게 통보한다. 프랜차이저의 신고내용이 부실할 경우 담당부처는 7일 내에 보충자료를 제출하도록 요구할 수 있고, 프랜차이저가 보충자료를 완비한 날부터 10일 내에 신고를 접수한다'고 규정했다.

4. 신고철회

프랜차이저의 위법행위를 방지하고 서류보관의 상대적인 안정성을 유지하기 위해 〈상업 프랜차이즈경영 신고 관리 방법〉 13조는 '신고를 마친 프랜차이저의 영업자격을 취소할 수 있는 상황'에 대해 규정했다.

(1) 프랜차이저의 위법경영으로 등기주관 기관에 의해 영업자격을 취소당한 경우
(2) 시(市) 프랜차이저의 위법경영으로 인해 시(市) 상무국이 사법기

관으로부터 프랜차이즈경영허가 취소에 관한 사법건의서를 받았을 경우

(3) 프랜차이저가 관련 정보를 숨기거나 거짓정보를 보고한 일이 조사를 거쳐 사실로 밝혀진 경우

(4) 프랜차이저가 스스로 등록 말소한 경우 등

구체적 운영에 있어 수정된 〈상업 프랜차이즈경영 서류 관리 방법〉은 전국의 온라인 신고·조회원칙에 대해 명시했다. 〈상업 프랜차이즈경영 관리조례〉 규정에 부합하는 프랜차이저는 〈상업 프랜차이즈경영 서류 관리 방법〉에 따라 상무부가 구축한 상업 프랜차이즈경영 정보관리시스템을 통해 모든 서류 자료를 제출, 신고해야 한다. 즉 조건에 부합하는 모든 프랜차이저는 온라인을 통해 신고해야 하는 것이다. 이를 위해 상무부는 '상업 프랜차이즈경영 관리정보 신고시스템'을 구축했다. 프랜차이저는 상무부 사이트를 통해 서류를 제출·신고하고, 상무부는 해당 시스템을 통해 신고 내용을 관리한다.

Ⅲ. 프랜차이즈경영계약의 법률 적용

프랜차이즈경영계약은 프랜차이저와 프랜차이지가 프랜차이즈 경영권 허가승인과 쌍방의 권리·의무 등에 대해 합의한 일종의 협의다. 그러나 프랜차이즈경영계약은 〈계약법〉이 규정한 유명계약(전형계약)에 속하지 않는다. 〈관리조례〉는 프랜차이즈경영의 계약 형식, 주요내용, 기한 및 쌍방의 주요의무를 규정했다. 따라서 법률 적용에 있어 프랜차이즈경영계약은 〈관리조례〉는 물론 〈민법통칙〉,

〈계약법〉 등 법률 일반원칙을 적용한다. 만일 프랜차이즈경영계약이 지적재산권과 관련될 경우 〈상표법〉, 〈특허법〉, 〈저작권법〉, 〈컴퓨터 소프트웨어 보호 조례〉, 〈부정경쟁방지법〉 등 지적재산권 관련 법률을 적용한다.

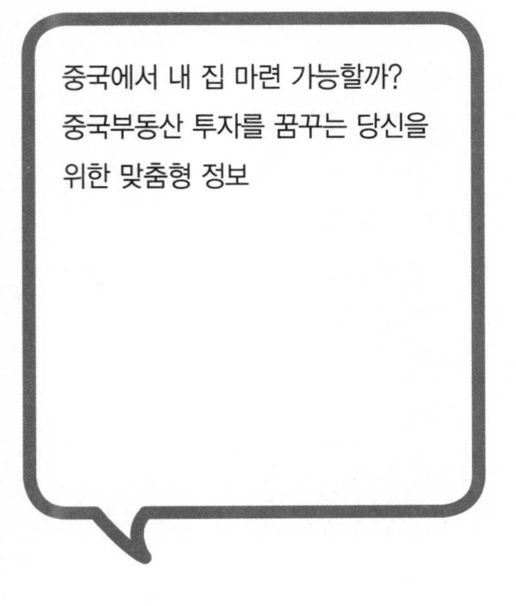

외국인의 부동산투자

[사례]

베이징의 A부동산기업은 외국독자기업으로 주주는 3명의 외국 자연인이고 회사형태는 유한책임공사이다. 등록자본 1,200만 달러, 경영 범위는 부동산개발, 건축, 경영, 주택단지 관리 및 임대이다. 2008년 1월 A기업은 경매를 통해 주택용지의 토지사용권을 획득했고 토지인수대금으로 1,300만 위안을 지불했다.

베이징의 B투자기업은 유한책임공사로 A사와 합작해 해당 사업을 공동 진행하기로 하고 총 2,200만 달러를 투자하기로 했다. 원래 계획은 B기업이 A기업의 지분 25%를 양수하는 형태로 참여하는 것이었다.

〈외자기업법 시행세칙(外資企業法實施細則)〉 22조에 따르면 외자기업의 등록자본 증가, 양도는 반드시 심사기관의 비준을 받고 공상행정관리기관에 변경 등기수속을 해야 한다. 또한 외자 부동산투자기업의 지분 및 사업양도, 해외투자자의 국내 부동산기업 인수는 건설부, 상무부, 국가발전및개혁위원회 등 관련 부처에서 〈외자의 부동산시장 진입 및 관리 규범화에 관한 의견(關于規範房地産市場外資准入和管理的意見, 이하 '의견')〉에 따라 엄격하게 심사해야 한다. 투자자는 국유토지사용권 양도계약서, 건설용지계획 허가증, 건설사업계획 허가증, 국유토지사용증, 건설(부동산) 주관부처의 변경 서류 증명서, 세무기관이 발급한 납세증명자료를 제출해야 한다. 위의 사례에서 A기업이 지분양도 방식을 택하면 법률상의 어려움이 많다.

B기업의 변호사는 합작개발 형식으로 해당 사업에 참여하는 것이 좋겠다고 제안했다. 최고인민법원이 내놓은 〈국유토지사용권 분쟁안 적용 법률 심리에 관한 해석(關于審理國有土地使用權糾紛案件適用法律的解釋)〉에서는 부동산 합작개발 계약 당사자 일방이 부동산개발 경영자격을 보유했을 경우 계약이 유효하다고 규정했다. 때문에 일방이 부동산개발 경영자격이 있으면 합작개발협의는 유효하고 관련 부처의 심리를 다시 거칠 필요가 없다. 이 밖에 계속 A기업의 명의로 개발, 판매, 임대하면 정부의 우대 정책 혜택을 누릴 수 있다.

최근 수년간 중국 일부 도시의 부동산 가격이 가파른 오름세를 보이자 2010년 4월 17일 중국 국무원은 〈일부 도시 부동산 가격의 급상승을 강력 억제하기 위한 통지(關于堅決遏制部分城市房價過快上漲的通知)〉를 발표해 부동산투기억제에 나섰다. 이후 반년 남짓 흐르는 동안 12개 대중(大中) 도시는 자체적으로 '부동산 구매 제한령(限購令)'을 발표했고, 일부 대도시는 기타 종합정책 및 실시 세칙을 마련해 부동산투기성 구매를 엄격하게 통제했다. 이처럼 중국정부의 강력한 거시조정통제 가운데 외국자본의 중국 내 부동산 투자 역시 어느 정도 영향을 받은 것이 사실이다.

1995년 최초로 〈외자인 투자산업 지도목록〉을 발표한 뒤 중국은 여러 가지 정책과 법규를 통해 외국자본의 부동산산업 투자를 관리해왔다. 그러나 부동산시장이 변화하고, 외국자본 투자분야에 대해 중국정부가 단계별로 차별적 전략을 취하면서 관련 정책도 계속해서 변화하고 있다. 최근 수년간 외국자본의 부동산업종 투자에 관해 중국이 마련한 정책은 대략 다음과 같다.

1995년 6월 중국정부는 〈외국인 투자산업 지도목록〉을 발표, 국가급 관광지역 건설 및 경영, 고급호텔, 별장, 고급 오피스텔과 골프장 건설 등 분야에서 외국기업의 독자경영을 불허했다. 2002년 〈외국인 투자방향 지도 규정〉 발표 때 일반주택 개발건설은 권장류 투자항목으로 분류됐다.

2007년 개정된 〈외국인 투자산업 지도목록〉에서는 권장류 항목 중 부동산산업이 빠지고, 토지 대단위 개발·고급호텔·별장·고급오피스텔의 제한류 항목에 국제 컨벤션센터 건설·경영, 부동산 중고시장 거래와 부동산 중개 또는 중개회사 등이 추가됐다. 이는 글로벌 핫머니가 중국 부동산시장에 주는 충격과 부정적인 영향을 억제하고 시장안정과 공공이익을 수호하기 위함이다.

이를 제외하고 중국에서 현재 실시 중인 외국자본의 부동산투자를 통제 관련 문건에는 다음과 같은 것들이 있다.

1. 주택건설[2006]171호 문건 〈외국자본의 부동산시장 진입허가와 관리 규범화에 관한 의견(이하 '의견')〉

2006년 7월 11일 건설부, 상무부, 국가발전개혁위원회, 중국인민은행, 국가공상행정관리총국, 국가외환관리국이 발표했다.

외국자본의 부동산시장 진입과 감독관리에 대한 내용을 골자로 한 지도정책으로 외자기업의 부동산시장투자 허가 조건, 외자기업의 부동산개발 경영관리, 기관 및 개인의 부동산 구매관리, 외국자본 부동산 감독관리 책임 강화 등에 관해 명확한 지침을 담았다.

2. [2006]192호 문건 〈'의견' 실시 문제에 관한 통지(關于貫徹落實'關于規範房地産市場外資准入和管理的意見'有關問題的通知)〉

2006년 8월 14일 상무부 판공청이 발표했다. 이는 외국기업이 투자하는 부동산 기업의 유형, 투자총액과 등록자본금의 비율 기준, 비준 및 등록 수속, 외국상공인이 투자한 부동산기업의 프로젝트 양도, 외국투자자의 국내 부동산기업에 대한 인수합병 등 상기 〈의견〉 의 세부 내용을 명확하게 했다.

3. [2006]47호 문건 〈부동산시장 외환관리 규범화 문제에 관한 통지(關于規範房地産市場外匯管理有關問題的通知)〉

2006년 9월 1일 국가외환관리국, 건설부에서 공동으로 발표했다. 해외기관의 국내 지사 및 대표기구 설립, 국내 근무 및 학습시간이 1년 이상인 외국인, 홍콩·마카오·타이완 주민과 화교 등 중국부동산을 구매하는 주체와 외환관리, 외자투자 부동산기업의 외국환수지와 외채등록관리 등에 관해 상세하고 명확하게 규정했다.

4. [2007]50호 문건 〈외자기업의 부동산산업 직접투자 심사 비

준 및 감독관리 강화에 관한 통지(關于進一步加强、規範外商直接投資房地産業審批和監管的通知)〉

2007년 5월 23일 상무부, 국가외환관리국은이 공동으로 발표했다. 프로젝트 심사비준과 외환감독관리 분야 관련 몇 가지 문건의 연장 및 심화된 내용이 담겨 있다. 또 최근의 단계적 심사·비준 등록과 외환감독관리 규정의 주요 정책적 근거이기도 하다. 프로젝트 회사원칙, 비즈니스 원칙, 대외융자 규제, 부메랑 투자(返程投資) 규제, 프로젝트 등록 규정, 규정위반 벌칙 등을 골자로 하고 있다.

중국은 외국자본의 부동산투자에 대한 조건을 다음과 같이 규정했다.

1. 외국자본의 부동산 조정통제 범위

일반주택, 아파트, 여관(賓館), 호텔, 리조트, 오피스텔, 컨벤션센터, 비즈니스시설, 테마공원 등 건설·경영에 종사하거나 상기 프로젝트를 건설목표로 토지를 개발하는 외국상공인투자 프로젝트의 신설, 인수합병, 증자, 경영범위 확대 또는 기타 관련 변경은 모두 조정통제 범위에 속한다.

2. 비즈니스 원칙

외국기업 및 개인이 국내에서 부동산 건설과 경영(임대, 판매)에 종사하거나 개인용도로 구매한 부동산을 임대, 판매할 경우 반드시 국내에 외자투자기업을 설립해야 한다. 외자기업은 개인용도의 부동산을 임대, 판매할 경우 경영범위에 반드시 부동산 경영을 추가해야 한다.

3. 프로젝트회사 원칙

외자투자 부동산기업을 신설하거나 비(非)부동산기업이 부동산 경영범위를 추가하거나 이미 설립된 부동산기업이 신규 부동산 건설 및 경영 업무를 확대할 경우 반드시 먼저 토지사용권, 부동산 건축물 소유권을 취득해야 한다. 토지관리부처, 토지개발업체 또는 부동산건축물 소유자와 토지사용권 또는 부동산 재산권을 예약 양도하거나 구매하는 협의를 체결해야 한다.

4. 인수합병 규제

외자기업이 주주권으로 국내 부동산기업을 인수·합병할 경우 국내 부동산기업이 건설 중이거나 운영 중인 부동산 프로젝트까지 포함해야 한다. 외자기업 주주가 부동산그룹회사(지주회사로 자체 건설 중인 부동산이나 운영 중인 프로젝트 없음)를 인수할 때는 원칙상 비준하지 않는다. 부동산 투기성 회사 또는 부동산투자를 주요업무로 하는 외자기업의 투기성 회사 설립은 원칙적으로 비준하지 않는다.

5. 프로젝트 규모 제한

심사비준기관은 기업에서 신고한 경영범위, 경영규모와 사업 타당성 분석 보고서 등을 엄격하게 심사하고 사실에 입각해 기업투자 총액을 심의·책정한다. 충분한 이유가 없을 경우 일반적으로 외자투자 부동산기업의 투자총액 증액신청은 비준하지 않는다. 외국자본 투자로 부동산기업을 설립할 때 투자총액이 1,000만 달러 이상일 경우 그 등록자금은 투자총액의 50%보다 낮아서는 안 된다.

6. 외환차관 규제

외자투자 부동산기업이 등록자본금을 전액 불입하지 않았거나 국가 토지사용증을 취득하지 않았을 경우 국내외 대출이 금지된다. 거시경제조정 원칙상 외자투자 부동산기업의 국내외 대차를 비준하지 않는다. 기업을 설립하거나 자본금을 늘릴 때 투자자 측은 해외 융자 및 국내 외환대차 관련 서면 허가서를 제출해야 한다. 허위 승인으로 생기는 결과는 기업이 스스로 책임져야 한다.

7. 약속이행

국외 투자인이 국내 부동산기업의 주주권을 인수하거나 국내기업의 부동산을 구매하고, 부동산 건설과 운영에 종사할 경우 투자자는 반드시 심사비준 부처에 국유토지사용권 양도계약, 건설용지계획 허가증, 건축공사계획 허가증, 이행담보서, 직원 배치, 은행채무 처리 증명서, 3개월 내 양도금 전액 지불 서류를 제출해야 한다. 국내 부동산기업은 반드시 세무기관에서 발행한 기업납세 증명을 제출해야 한다.

8. 부메랑투자(返程投資) 규제

거시경제조정기간 중 원칙상 부메랑투자 부동산기업을 비준하지 않는다. 원칙상 동일한 지배자의 투자거나 주식교환방식으로 부동산기업에 투자하는 것을 비준하지 않는다.

9. 대가 금지

외자투자 부동산기업의 해외투자 측은 그 어떤 형식으로든 한

쪽이 고정리베이트 혹은 변칙대가를 담보하는 조항을 체결하지 못한다.

10. 신고 심사확인 등록

외자투자 부동산기업의 설립(인수합병 포함), 증자 등 관련 신청자료는 지방의 초심을 거쳐 각급 심사비준 부처에 의해 상무부로 보고된다. 상무부 심사를 통과해야 '비준증서'를 출력할 수 있고 외국자본통계시스템을 이용해 등록된 전자데이터를 확인할 수 있다. 미등록기업은 투자자 또는 기업의 동의를 거쳐 심사비준 부처에 서면설명을 제출하고, 심사비준 부처에서 확인한 뒤 서면형식으로 상무부에 재등록을 신청할 수 있다.

11. 등록 결과

상무부의 서면 심사확인을 거쳐 외국자본통계시스템에 등록되면 통과한 것으로 간주한다. 매달 상무부는 전 달 심사에서 통과했거나 재등록 심사에 통과한 외자투자 부동산기업의 명단을 국가외환관리국에 통보하며 외환관리국에서 이를 발표한다.

12. 비준증서 유효기한

외자투자 부동산기업 설립을 비준할 때 1년 만기의 '외자투자기업 비준증서(外商投資企業批准證書)'를 발급하며 '외자투자기업 비준증서'의 비고란에 '유효기한 ○○○○년 ○○월 ○○일까지'라고 밝힌다. 기업이 증서 유효기한 1년 내에 토지 양도금을 전액 불입하고 토지사용권 증서를 취득하면 경영 연한이 같은 비준증서

갱신을 신청할 수 있다.

상무부 통계에 따르면 2010년 1월부터 7월까지 외국자본의 부동산개발 및 도시고정자산개발 직접투자총액은 248억 위안으로 전년 동기대비 10% 늘어났다. 2010년 6월 한 달간 사용한 외국자본금만 80억 9,100위안에 달해 4, 5월의 총액을 초과했다. 한편 외자기업의 부동산투자에 대한 정책규제가 불투명한 까닭에 부동산시장에 대한 관망세가 짙다.

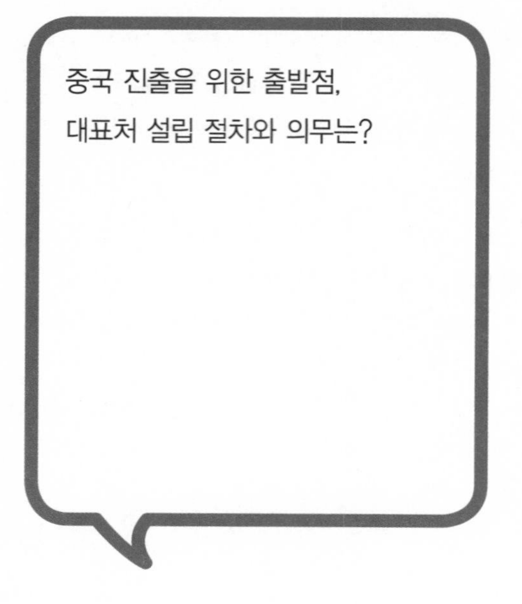

외국기업의 중국대표처 관리

[사례]

2009년 12월 8일 이씨는 독일의 모 기술기업 베이징 대표처(代表機構)에 채용돼 '인턴 계약'을 체결했으나 기한은 약정하지 않았다. 2010년 4월 20일 이씨가 병가를 신청하자 회사는 쌍방의 계약이 만기됐다고 통보했고 이씨는 다음날부터 출근을 할 수 없었다. 대표처의 해고에 불복한 이씨는 노동중재를 신청하고, 대표처에 불법해고보상금과 재직기간 동안의 특근수당을 지급할 것과 자신의 사회보험금을 납입하라고 요구했다. 중재위원회는 그러나 이씨에게 접수처리 불가를 통보했고 이씨는 법원에 소송을 제기했다. 1심에서 법원은 "독일의 모 기술기업 베이징 대표처는 외국기업의 상주대표기구로서 대외취업기관을 통하지 않고 직접 이씨를 고용했기 때문에 쌍방은 '노동관계'가 아닌 '고용관계'로 〈노동법(勞動法)〉을 적용 받지 않으며 쌍방이 서명한 '인턴계약'은 노무계약이다"고 판결했다. 또 "노무계약에 시간 외 근무시간에 대한 보상과 계약해제보상 등 사항을 약정하지 않았기 때문에 이씨의 소송을 기각한다"고 판결했다.

일반적으로 외국기업의 대표처는 중국의 노동법이 규정한 고용자가 아니므로 독립적인 고용주체 자격이 없다. 따라서 중국인을 채용하려면 외사서비스기관 통해 고용 수속을 하고, 사회보장비를 납입해야 한다. 베이징시 노동 및 사회보장국과 베이징시 고급인민법원의 〈노동분쟁안건 법률적용 문제에 관한 회의 요록(關於勞動爭議案件法律適用問題研討會會議紀要)〉에 따라 외국기업 상주대표기구가 대외취업기관을 통하지 않고 직접 중국인을 고용했을 경우 양자간의 관계는 고용관계로 본다.

그렇다면 외국기업 대표처의 이런 행위는 어떤 처벌을 받을까?

대표처가 외사서비스기관을 통하지 않고 직접 중국인을 고용하면 행정처벌을 받는다. 〈베이징시 인민정부의 외국기업 상주대표기구 중국인 고용에 관한 관리 규정 수정안(北京市人民政府關于外國企業常駐代表機構聘用中國雇員的管理規定(修正)〉 11조 2항은 '본 규정을 위반하는 행위는 다음의 규정에 따라 행위의 경중을 판단해 처벌한다. (2) 불법으로 중국인을 고용한 외국기업 상주대표기구에 대해 시 공상행정관리국은 책임지고 기한을 개정하고, 1만 위안 이상 3만 위안 이하의 벌금을 부과한다'고 규정했다.

대표처와 이씨가 맺은 '인턴 계약'은 노무계약에 속한다. 쌍방이 업무시간, 위약조건 등을 계약에 약정했으면 쌍방은 이를 준수해야 한다. 대표처가 명시된 관련 조항의 약정을 위반했을 경우 위약책임을 져야 한다.

중국경제가 세계경제에 편입되면서 중국에 상주대표기구를 설립하는 외국기업이 늘어나고 있다. 외국기업 상주대표기구란 외국기업이 중국 내에 설립한 해당 기업의 업무와 관련된 비영리 활동을 하는 사무조직을 말한다.

일반적으로 대표기구는 법인자격이 없고 독립적으로 민사적 책임을 질 수 없다. 대표기구가 행하는 행위의 결과는 대표기구를 파견한 외국기업이나 경제조직이 책임진다. 중국 법률 법규에 따르면 대표기구는 중국에서 직접적인 경영활동을 할 수 없다. 즉 상업적 계약, 주문서 발행, 영수증 발행, 대금수령, 재고보유 등의 행위를 할 수 없다. 대표기구의 주된 업무는 본사의 중국 시장 활동에 필요한 정보수집, 업무연락, 제품·서비스 제공 및 기술 지원, 시장확대 등 비(非)영리 상업 활동이다.

추산에 따르면 2010년 외국기업의 중국 상주대표기구는 10만여 개를 넘어섰다. 최근 들어 일부 대표기구가 독단적으로 등기내용을 변경하고 허위증명서를 제출하는 등 법률을 위반하면서 경영활동을 하는 등 문제가 발생했다. 국가안보와 사회안정 유지를 위해 최근 중국정부는 외자기업 대표기구에 대한 관리감독 강화를 위한 일련의 법규를 내놓았다.

2010년 전까지 중국의 외자기업 대표기구 관리에 관한 주요 법률로는 1980년 국무원이 발표한 〈외국기업 상주대표기구 관리에 관한 임시 시행 규정(關于管理外國企業常駐代表機構的暫行規定)〉, 1983년 국가 공상행정관리국이 발표한 〈외국기업 상주대표기구 등기에 관한 관리 방법(關于外國企業常駐代表機構登記管理辦法)〉 및 1995년 대외무역경제협력부 전신인 대외경제무역부가 발표한 〈외국기업의 주중 상주대표기구 심사비준 및 관리에 관한 시행세칙(關于審批和管理外國企業在華常駐代表機構的實施細則)〉 등이 있었다. 기타 법규는 특수업종 관리감독 부처나 지방정부가 실제 상황에 맞춰 제정했다. 경제, 법률 환경이 변화하면서 이들 법률 가운데 일부 내용은 현실에 맞지 않게 됐다. 이에 따라 2010년 들어 중국은 일련의 법규를 집중적으로 발표해 외자기업 상주대표기구에 대한 관리를 강화했다.

Ⅰ. 등기관리

2010년 1월 4일 국가 공상행정관리총국과 공안부는 〈외국기업 상주대표기구 등기 관리 강화에 관한 통지(關于進一步加強外國企業常駐代表機構登記管理的通知)〉를 발표했다. 통지에 따르면 외국기업은 대표기구를 설립하거나 명칭을 변경할 때 해당 기업의 연속 2년 이상 합법적인 개업증명서, 해당 기업과 업무거래가 있는 금융기관이 발행한 자본신용증명서를 제출하고 해당 국가나 지역의 공증기관과 해당 국가에 소재한 중화인민공화국대사관, 공사관, 영사관의 공증과 인증을 거쳐야 한다. 설립 및 연장을 신청한 대표기구에 일괄 교부한 등기증의 유효기간은 1년이다. 대표기구의 대표인수는 일반적으로 4명을 초과할 수 없다.

대표인 수가 4명을 초과한 대표기구는 원칙적으로 대표처 철수만 허가되고 신규대표 증가는 허가되지 않는다. 대표기구의 허위문서 제출은 법에 따라 즉시 조사·처리하고, 대표기구가 각종 형식으로 비용을 받아 영리활동을 했을 경우 무면허경영 관련 규정에 따라 처벌할 수 있다. 대표기구가 사기 또는 불법경영 범죄에 연루되면 공안기관으로 이송해 처리한다.

이 규정은 외국기업 상주대표기구에 대한 중국정부의 요구가 더욱 엄격해졌다는 것을 의미한다. 예를 들어 해외법률문서 공증인증제도를 추가했고 존속기간 2년 미만인 외국기업은 중국에 상주대표기구를 설립하지 못하게 했다. 중국에서의 연락 등 업무인력이 4인 이상 필요하면 외국기업은 자회사를 설립해야지 대표처를 설립할 수 없다.

2010년 11월 10일 중국 국무원은 〈외국기업 상주대표기구 등기관리 조례(外國企業常駐代表機構登記管理條例, 이하 '조례')〉를 발표해 2011년 3월 1일부터 시행하도록 했다. 1983년 국가 공상행정관리국이 발표한 〈외국기업 상주대표기구 등기에 관한 관리 방법(關于外國企業常駐代表機構登記管理辦法)〉은 새 〈조례〉 시행과 동시에 폐지되었다. 국무원이 발표한 조례로 외국기업 상주대표기구를 규제하는 것은 중국정부가 상주대표기구 관리를 입법적인 단계로 승격했다는 것을 의미한다.

〈조례〉는 외국기업 상주대표기구의 업무활동 전개에 대한 규칙을 명확하게 했다. 〈조례〉 23조는 대표기구설립 신청 시 필요한 서류를 분명하게 밝혔다. 여기에는 연속 2년 이상 합법적인 영업 증명서, CEO와 대표임명 문서, 해당 기업과 업무거래가 있는 금융기관이 발행한 자금신용증명서, CEO와 대표의 신분증 및 이력서, 대표처 장소 사용에 대한 합법적인 사용증명서 등이 포함된다. 〈조례〉 14조는 외국기업의 제품 및 서비스와 관련된 시장조사·전시·홍보활동·외국기업의 제품 판매·서비스 제공·중국 내 구매·중국 내 투자 관련 연락 활동 등 대표기구가 종사할 수 있는 분야에 대해 명시했다. 이와 함께 중국이 체결 또는 참여한 국제조약, 협정에서 규정한 종사가능 업무, 법률 및 행정법규 또는 국무원이 규정한 대표기구가 종사할 수 있는 업무 활동에 대해서도 명확하게 규정했다. 아울러 법률, 행정법규 또는 국무원은 대표기구로 하여금 종사할 업무 활동에 대해 반드시 비준을 거쳐 비준서를 취득해야 한다고 규정했다. 중국정부가 WTO 가입 시 이행을 약속한 사항에 따라 〈조례〉는 '외국기업 대표기구는 원칙적으로 영리활동에 종사할 수 없다'고 규정했다. 그러나 이와 동시에 '중국이 체결 또는 참여한 국제조약, 협정 내용에 따라 영리활동에 종사할 수 있는 대표기구를 설립할 수 있을 경우에는 해당 규정을 따른다'고 명시했다.

Ⅱ. 세금 징수

2010년 2월 20일 국가세무총국은 〈외국기업 상주대표기구 세수관리 임시 시행 방법(外國企業常駐代表機構稅收管理暫行辦法, 이하 '방법')〉을 발표했다. 〈방법〉에 따라 외국 대표기구는 관련 중국 공상법규에 규정된 사업자등록증을 발급 받고, 공상등기증명서(또는 관련 부처 비준)를 수령한 날부터 30일 내에 소재지의 주관 세무기관에 세무등기를 서면으로 신청해야 한다. 제출서류는 공상사업자등록증 또는 주관부처의 비준 문서, 조직 기구 코드증명서, CEO(책임자) 여권 또는 기타 합법적인 신분증, 외국기업 대표기구 설립 관련 결정문서 및 중국 내에 설립한 기타 대표기구 목록 등이다. 세무등기증을 수령한 후 대표기구는 세무등기 내용에 변화가 생기거나 기간 만료, 업무 활동이 조기 중단될 경우 중국 세금징수관리법 및 관련 규정에 따라 주관 세무기관에 변경세무등기 또는 세무등기 말소 수속을 해야 한다.

〈방법〉은 2010년 1월 1일부터 대표기구면세 또는 세금부(不)징수에 관한 아래의 3개 문건을 폐지한다고 명시했다.

1. 국세발[1996] 165호 문건 〈외국기업 상주대표기구 세금징수 관리강화 관련 문제에 관한 통지(關于加強外國企業常駐代表機構稅收征管有關問題的通知)〉
2. 국세발[2003] 28호 문건 〈외국기업 상주대표기구 세수관리 관련 문제에 관한 통지(關于外國企業常駐代表機構有關稅收管理問題的通知)〉
3. 국세함([2008] 945 〈외국정부 등이 중국에 설립한 대표기구 면세 비준 절차 관련 문제에 관한 통지(關于外國政府等在我國設立代表機構免稅審批程序有關問題的通知)〉

또한 각 지역 세무기관으로 하여금 대표기구의 기업소득세 면세 신청을 받지 못하도록 규정했고, 〈방법〉에 따라 이미 면세를 심사·비준한 대표기구를 정리하도록 규정했다. 그러나 상기 규정은 모든 대표기구의 면세대우를 취소하는 것이 아니라 관리를 한층 표준화한 것이다. 〈방법〉 10조는 대표기구가 세수협정 대우를 누리려면 세수협정 및 국가세무총국의 〈비주민 세수협정대우 관리방법(시범시행)에 관한 통지(非居民享受稅收協定待遇管理辦法 (試行) 的通知)〉의 관련 규정에 따라 수속 절차를 밟아야 하며 〈방법〉 6조에서 규정한 시한에 납세 신청을 해야 한다고 밝히고 있다.

〈방법〉 6조에 따라 대표기구는 분기 마감 후 15일 내에 주관 세무기관에 사실에 근거한 기업소득세, 영업세 납부신고를 해야 하며 〈부가가치세 임시 시행조례(增值稅暫行條例)〉 및 시행세칙이 규정한 기한 내에 납세 신고를 해야 한다. 신고 시 주의사항은 다음과 같다.

1. 대표기구의 영업세는 월별이 아닌 분기별로 신고한다. 즉 매 분기가 끝난 후 15일 내에 주관 세무기관에 영업세 납부신고를 한다. 해당 분기에 영업세 수입이 없더라도 신고해야 한다. 단, 대표기구의 부가가치세는 월별이나 분기별로 신고하지 않고 대표기구에 부가가치세 과세소득이 발생한 다음 달 15일 내에 세무기관에 납세 신고를 하면 된다.

2. 〈방법〉은 대표기구의 기업소득세는 분기별로 신고하도록 했지만 외국기업 상주대표기구는 비주민 기업에 속하므로 관련 기업의 소득세결산과 납부관리는 국가세무총국의[2009] 6호 문건 〈비주민 기업소득세 결산 납부 관리 방법에 관한 통지(非居民企業所得稅匯算清繳管理辦法)〉 규정에 따른다.

3. 〈방법〉은 대표기구의 납세의무를 기업소득세에 국한하지 않고 부가가치세와 영업세까지 명확하게 규정했다. 즉 부가가치세, 영업세의 과세 행위가 발생하면 규정에 따라 대표기구는 납부해야 할 세금을 계산 납부해야 하며, 매월 또는 매 분기가 끝나고 15일 내에 소재지 주관 세무 기관에 영업세와 부가가치세 납부 신고를 해야 한다. 주의할 점은 수정된 〈영업세 임시 시행 조례 시행 세칙〉은 과세판단원칙을 기존의 노무발생지에서 제공한 측과 제공받은 측이 중국 내에 있는지의 여부로 수정했다는 것이다.

4. 〈방법〉에 따르면 대표기구의 소득세 신고방법은 두 가지가 있다. 사실에 근거한 사실신고와 조사결정신고이다. 대표기구가

사실에 근거해 기업소득세 신고를 할 수 있는지 여부는 재무결산이 완벽한가의 여부에 따라 결정된다. 대표기구는 관련 법률 법규 및 규정에 따라 장부를 마련하고, 합법적이고 효과적으로 증빙서류를 첨부한다. 또 실제로 이행한 기능과 책임진 위험을 배분하고 과세수입과 납세소득액을 정확하게 계산할 수 있으면 규정에 따라 사실신고를 할 수 있다. 매 분기 종료 후 15일 내에 주관 세무기관에 사실신고한 기업 소득세를 납부한다.

대표기관이 규정에 따라 장부를 만들 수 없고 수입 또는 원가 비용을 정확하게 산출할 수 없거나 〈방법〉의 규정에 따라 사실신고를 할 수 없다면 세무기관은 경비지출을 수입 또는 수입 총액으로 환산해 과세표준을 산출할 수 있다.

Ⅲ. 결론

외국기업 상주대표기구에 대한 관리감독이 공상, 공안, 노동, 세관, 세무 등 여러 분야에 해당되기 때문에 중국정부는 앞으로 부처간 협력을 강화하고 직능을 보완해 대표기관을 관리하는 과정에서 각 부처가 중요한 역할을 하도록 할 것이다.

투자환경의 건강한 발전을 저해하는 돈세탁, 중국 내 정의와 그 범위에 대해 알아보자.

〈돈세탁 방지법〉과 사법해석

'돈세탁(Money Laundering)'이란 말, 그대로 불법적 행위로 얻은 소득을 깨끗하게 세탁(불법적으로 운용)해 자금원천을 은폐하는 행위를 총칭하는 개념이다. 한 마디로 불법소득의 합법화를 꾀하는 행위다. 돈세탁은 처음에 마약판매, 밀수 등 범죄조직이 지하은행을 통해 불법자금을 합법화하는 방식으로 생겨났다. 그러나 경제 글로벌화와 자본의 국제화로 현대금융시스템이 돈세탁의 중요한 루트로 악용되고 있다. 많은 다국적 기업, 국제 상업은행 및 투자은행들도 돈세탁 대열에 가담하면서 돈세탁 수단·기술이 과거보다 훨씬 더 발전했다. 일부 금융기관 종사자, 변호사 및 회계사도 다양한 금융도구와 파생금융상품을 이용해 돈세탁에 동참하는 상황이다. 금융시스템의 글로벌화를 이용해 세계 각지에 돈세탁망이 구축되었으며 그 은폐수단도 점차 전문화돼 가고 있다. 특히 돈세탁방지제도가 미비한 개도국은 범죄 다발지역이 됐다.

세계 각국은 자국의 경제 및 국가의 안전을 보호하기 위해 돈세탁을 엄격하게 단속하고 있다. 유엔의 경우 1990년대에 이미 〈마약 및 향정신성 물질의 불법거래방지에 관한 유엔협약〉, 〈유엔 다국적조직범죄 단속협약〉, 〈유엔 부패방지 협약〉, 〈유엔의 테러지원 차단 국제협약〉 등을 다수 협약을 마련했다.

최근 중국도 입법부와 사법부를 주축으로 돈세탁과 관련된 형법 수정 및 보완에 박차를 가하고 있다. 중국의 이 같은 움직임은 세계 정치와 경제에서의 영향력 확대, 사회발전 및 경제체제개혁의 필요성에 따른 것으로 풀이된다. 중국은 이미 상당수 돈세탁방지 국제협약에 가입한 상태다. 중국의 돈세탁 단속 법안은 대체적으로 다음과 같은 단계를 거쳐 발전했다.

중국이 1979년에 출범한 최초의 형법에는 돈세탁 관련 규정이 없었다. 1990년에 열린 7기 전국인민대표대회 상무위원회 17차 회의에서 〈마약금지 관련 결정〉이 통과됨으로써 불법소득 은폐 및 은닉재산 돈 세탁을 범죄행위로 규정했다.

1997년에 수정된 〈형법〉은 돈세탁을 금융범죄의 일종이라고 명시했다. 〈형법〉 109조는 '마약 조직폭력 밀수 등 범죄행위를 통해 얻은 불법소득, 혹은 이러한 행위로 발생한 수익이라는 사실을 알면서도 각종 방법으로 불법소득의 원천 및 성격을 숨기거나 기만했을 때는 돈세탁 죄로 인정하고 형사책임을 추궁한다'고 규정했다. 이는 중국 최초로 돈세탁을 독립적인 죄명으로 인정·처벌하는 법안이다.

2001년 〈형법〉 수정안 3은 돈세탁의 상위 범죄(마약, 조직폭력,

밀수 범죄)에 테러를 추가했다. 같은 해 4월 18일에 출범한 〈최고 인민검찰원과 공안부의 경제범죄사건소추 표준관련규정〉은 불법 자금 원천과 성격을 은폐한 돈세탁 죄 소추 표준을 마련했다.

2006년 〈형법〉 수정안 6은 횡령죄와 금융범죄를 돈세탁 죄 상위 범죄로 추가 규정했다.

2006년 중국은 〈돈세탁방지법〉을 마련하고 돈세탁을 예방·감독하는 금융기관의 권리에 대해 구체적으로 명시했다.

중국은 2007년 1월 1일부터 〈금융기관의 돈세탁방지 규정〉을 시행하면서 〈돈세탁방지법〉의 세칙으로 삼았다.

2009년 11월 11일부터 〈돈세탁 등 형사사건 심리 시 구체적인 법률 적용에 관한 최고인민법원의 해석(이하 '해석')〉을 실시하고 있다.

이로써 중국에도 돈세탁 및 불법융자 등 범죄 행위를 단속하는 법률체계가 구축됐다.

중국 〈형법〉 191조 1-4항에는 은행의 돈세탁행위를 막는 규정이 담겨 있다. 그렇다면 은행을 제외한 기타 금융기관 및 다른 경로를 이용한 돈세탁행위 단속법률은 어떤 것들이 있을까? 〈해석〉은 형법 제191조에 명시된 4가지 돈세탁 죄를 제외한 다른 방법으로 불법소득과 그 원천 및 성격을 숨기거나 기만한 경우에 대해 구체적으로 해석했다. 돈세탁 죄의 적용범위를 한층 더 확대함으로써 교묘하게 법망을 피하는 다양한 형식의 돈세탁 죄 처벌을 위한 법률적 근거를 마련했다.

〈해석〉 2조는 다음과 같은 방식으로 불법소득을 이전한 경우 돈세탁 죄로 간주한다고 규정했다.

1. 불법소득 및 그 수익을 저당, 임대, 매매, 투자 등 방식으로 이전 및 전환하는 데 협조한 행위
2. 백화점, 음식점, 오락장소 등 현금거래가 많은 업소의 경영소득과 혼합하는 방식으로 불법 소득 및 그 수익을 이전 및 전환하는 데 협조한 행위
3. 실제 존재하지 않는 허위거래, 허위 채무채권, 허위담보, 소득금액 허위신고 등 방식으로 불법소득 및 그 수익을 합법적인 재산으로 전환하는 데 협조한 행위
4. 복권 매매, 경품권 매매 등 방식으로 불법소득 및 그 수익을 이전하는 데 협조한 행위
5. 도박을 통해 불법소득 및 그 수익을 개인 재산으로 이전하는 데 협조한 행위
6. 불법소득 및 그 수익을 가지고 해외에 나가거나 혹은 해외로 운송 및 우송하는 데 협조한 행위
7. 상기에 규정한 것 외의 다른 방식으로 불법소득 및 그 수익의 이전과 전환에 협조한 행위가 포함된다.

〈해석〉의 이 같은 7가지 행위에 대한 규정에 따르면 투자 및 경영 등 재테크방식으로 불법소득 및 그 수익의 이전과 전환을 협조한 행위도 자금세탁에 해당된다. 얼마 전 충칭(重慶)의 한 교통국장이 폭력조직 단속과정에 1,000만 위안을 횡령한 뒤 그의 부인이 그 돈을 재테크상품에 투자한 일이 있었는데 그 부인 역시 돈세탁죄를 선고 받았다. 이 사건은 상위범죄 횡령죄, 하위범죄 돈세탁 죄를 구성한 전형적인 사례다.

중국의 돈세탁방지체계는 비교적 늦게 구축됐다. 그러나 각 관

련 부처 및 국제기구와의 밀접한 협력과 조율을 통해 돈세탁 단속에서 상당한 성과를 거두었다. 아울러 돈세탁방지를 위한 전문적인 정찰·수사기구도 출범했다. 현재 중국인민은행에는 공안부에서 파견한 연락원이 상주해 있다. 이들은 양측의 돈세탁 관련 협력을 책임진다. 전국 각지의 공안기관 정찰부서도 현지 인민은행 등 기관과 손잡고 돈세탁방지 연석회의제도를 도입했다. 공안부와 국가외환관리국은 공동으로 전국 외화불법매매 범죄 단속 공동사무실을 설립, 정기회의를 열고 돈세탁 단속을 벌이고 있다. 공안부는 이 밖에도 최고인민법원과의 협력을 강화해 돈세탁방지법률체계 보완을 위해 적극적인 역할을 하고 있다.

공안부는 또 세계은행, IMF, 유엔 마약범죄사무국 등 국제기구들과의 긴밀한 협력을 통해 국제적인 돈세탁방지활동에도 적극 동참하고 있다. 또 경찰업무 협력, 정보교류, 합동수사, 장물과 범인 추적 등을 위해 전방위적인 협력을 펼치고 있다.

공안부에서 돈세탁 죄를 엄하게 단속하는 동시에 기타 관련 부처는 개인, 법인 및 기타 조직의 합법적인 권리 보호에 중점을 두고 있다. 돈세탁 수사 및 단속과정 중 기업 및 금융기관의 상업기밀, 개인 신상정보, 거래정보에 관해서는 최대한 비밀유지를 하고 타인에게 쉽게 누설하지 않도록 엄격하게 통제하고 있다. 또 상기 정보는 반드시 돈세탁 조사 및 형사 소송과정에서만 사용하도록 규정한 동시에 이 규정을 위반한 사람에 대해서 법적 책임을 추궁하도록 했다.

중국과 한국 합자기업에서 빚어지는
수많은 노무 상의 문제를 어떻게
풀어야 좋을까.

중·한 합자기업의 노무분쟁사례를 통해 본 법률

[사례]

2007년 10월 한국인 A와 B는 중국 베이징에 C유한책임회사(이하 'C사')를 투자설립하고 중국인 D를 집행이사로 선임하여 경영관리를 책임지도록 했다. 2008년 10월 주주 A와 B는 집행이사 D가 고급관리자 겸업제한 관련약정을 위반하고 자기자본으로 E사(E사의 경영분야는 C사와 동일함)를 설립한 것을 발견했다. 2008년 11월 C사는 주주회의를 열어 D의 집행이사 직무를 파면함과 동시에 2008년 12월 31일까지 고급관리자 및 신임 집행이사와의 업무 인수인계를 완료할 것을 요구했다. 2008년 12월 1일 D는 C사 인사

책임자와 함께 C사 명의로 재직 중이던 임직원 76명과의 노동계약을 해제함과 동시에 2008년 12월 2일 E사의 명의로 상기 76명 임직원과 새로운 노동계약을 체결했다.

2009년 1월 5일 76명 임직원은 베이징시 차오양구 노동쟁의중재위원회(北京市朝陽區勞動爭議仲裁委員會)에 C사를 상대로 노동중재를 신청하고 노동계약 불법해제를 사유로 상응한 경제적 배상을 청구했다. 1월 7일 C사는 76명의 임직원과 E사를 상대로 중재를 신청하고 임직원의 직무이탈로 인해 회사가 정상적인 경영을 못함으로 인해 입은 손실 및 E사가 노동계약 미 해제 상태인 노동자를 고용함으로 원 사용자인 C사에 입힌 손실을 배상할 것을 요구했다. C사는 2008년 11월 D의 집행이사 직무를 파면했으므로 D는 더 이상 C사를 대표하여 임직원과의 노동관계를 해제할 권한이 없다고 주장함과 동시에 노동계약이 미 해제 상태인 76명의 임직원 업무이탈로 정상적인 경영을 할 수 없게 됐다고 주장한다. 뿐만 아니라 E사의 경영업무는 C사와 동일함으로 상기 임직원이 E사로 직장 이전한 것은 C사의 상업기밀이 누설될 위험이 있음으로 E사는 상응한 손실을 배상하여야 한다고 주장했다.

베이징시 차오양구 노동쟁의중재위원회는 심사 후 '주주회의는 회사내부 간부회의로 회의결정사항은 임직원에게 공개한 적이 없으므로 임직원이 회의내용을 모르는 상황에서 D가 내린 결정을 회사 결정으로 간주할 수 있고 노동계약 해제 시 법인인감에 관한 폐기성명을 하지 않았기 때문에 해제문서에 날인한 법인인감은 법적 효력을 가진다. 따라서 C사가 법적 이유 없이 계약을 해제한 것은 위법행위이므로 상응한 배상금을 지불하여야 한다. 한편 상기 노동자는 노동관계가 해제된 상태에서 E사와 노동계약을 체결하였으므로 C사에 배상책임을 지지 않고 E사도 물론 연대책임을 지지 않는다'고 결정했다.

법률분석

본 사건은 실생활에서 발생한 특이한 사례다. 회사 주주와 고위관리자 간의 의견차와 분쟁이 근로자와 원 고용자 간의 노동중재로 발전된 것이다. 본 사례에서 C사도 피해자다. 주주와 신임 고위관리자가 실제적으로 회사의 경영권을 인수받지 못한 상태에서 대량의 근로자를 잃었을 뿐만 아니라 이에 따른 배상책임도 지게 됐다. 하지만 법적으로 따지면 C사는 대외적으로 자신의 리스크를 관리하고 독립채산을 하는 법인으로서 경영진의 변동 및 모순은 회사의 대외책임 면제이유가 될 수 없다. 경영진에 변동이 발생한 후 C사의 주주와 신임 경영진은 여러 가지 조치를 취하여 이런 상황을 피해야 하였으나 회사는 이런 리스크를 무시하여 최종적으로 집단노동 중재와 상응한 배상책임을 지게 됐다.

2008년에 출범한 〈노동계약법(勞動合同法)〉및 관련 실시조례의 입법목적은 근로자의 권익보호에 초점을 두고 있다. 일반적으로 노동관계 존재여부 확인이 가능하고 증거물이 충분한 상황이라면 노동중재의 결과는 근로자에게 유리한 쪽으로 기운다.

본 사례로부터 아래와 같은 사실을 알 수 있다.

Ⅰ. 〈노동계약법〉 7조는 '노동관계는 고용일로부터 노동관계가 성립되고 고용단위는 검사를 대비해 사용자명부를 작성해야 한다'고 규정했다.

이 규정은 많은 사람들이 노동계약 체결일로부터 노동관계가 성립된다는 기존의 생각보다 근로자권익보호에 무게를 둔 것이다. 예전의 노동쟁의 사례에서는 쌍방 노동관계의 존재여부 확인이 난제였다. 실생활에서 많은 고용단위는 노동자와 서면계약을 체결하지 않았으므로 분쟁 발생시 고용단위는 쌍방의 노동관계를 부인하고 근로자는 노동관계를 증명할 수 있는 증거를 제시 못하는 상황이 빈발하고 있다. 〈신노동계약법〉은 노동관계 존재확인 관련 근로자의 입증 난이도를 낮추었다. 노동력 사용에 대해 아래와 같이 몇가지 정의를 내릴 수 있다.

1. 쌍방이 설립한 것은 고용관계로서 근로자는 사용자에게 노동력을 제공한다. 사용자가 지불한 급여는 근로자가 제공한 노동력의 상응한 대가다.
2. 근로자는 고용단위가 지정한 직장에서 근무하거나 고용단위와 노동계약 체결 시 약정한 곳에서 근무한다.
3. 고용단위는 근로자에게 사회보험을 제공해야 한다.
4. 근로자는 고용단위의 관리 하에 고용단위를 위해 가치를 창출함과 동시에 상응한 급여, 상여금, 보조금을 받는다.

본 사례 중 76명의 근로자는 C사와 노동계약을 체결하고 사용자의 관리하에 업무를 수행하고 이익을 창출했다. 사용자는 상응한 급여, 복리, 사회보험을 제공한다. 상기 76명 근로자와 C사간의 노동관계는 법률법규에 부합하므로 법적 보호를 받는다.

Ⅱ. 회사 경영진 변동은 대외적 책임 면제사유가 될 수 없다.

위 사례에서 C사는 '본사의 고위관리자는 2008년 11월에 변경

되었으므로 원 고위관리자가 C사의 명의로 발급한 노동계약 종결 통지서는 노동자와의 노동계약 해제의 효력을 갖지 않는다'고 주장했다. 하지만 노동자들은 고용일로부터 노동계약 종결통지서를 받을 때까지 원 고위관리자의 관리 아래 업무를 수행했다. 또 원 고위관리자와 노동자는 모두 정상적으로 작업하고 회사도 정상적으로 영업을 해왔다. 회사고위관리자 변동과 상업등기 변경에 대해 노동자들은 알 리가 없고 회사 혹은 주주로부터 고급관리자의 파면과 신임에 관한 공지를 받지 못했다.

C사 및 주주가 고위관리자를 파면하는 과정 중 노동자와의 소통을 소홀히 한 것이 문제의 원인이었다. 2008년 11월 주주가 D의 집행이사 직무를 파면하고, 관리층변동에 관련한 내용을 전체 임직원에게 통보함과 동시에 신문에 법인인감·재무인감·인사전용 인감도장과 증명서에 대한 폐기성명을 실었으면 임직원은 원 고위관리자가 더 이상 관리 권한이 없고 법인인감도 폐기돼 문서체결의 법적 효력을 상실했다는 것을 알 수 있었을 것이다. 따라서 상황을 파악한 근로자가 원 고위관리자를 따라 회사를 옮기면 C사는 배상책임을 지지 않아도 되고 근로자들은 C사에서 계속 근무할 선택권을 가지므로 직장변경으로 인한 리스크를 피할 수 있다.

Ⅲ. 고용단위는 법을 위반하여 노동계약을 해제했으므로 상응한 배상금을 지불해야 한다.

〈노동계약법〉 87조는 '고용단위가 본법규정을 위반하여 노동계약을 해제 또는 종료한 경우 본법 47조에 규정한 경제보상금 기준의 2배를 근로자에게 보상금(퇴직금)으로 지불해야 한다'고 규정했다. 47조는 '경제보상금은 노동자의 근무연한에 따라 근무연한이 1년이 넘으면 매 1년 증가 시 1개월 급여를 지불하고, 6개월 이상 1년 미만일 경우 1년으로 계산하고 6개월 미만일 경우 노동자에게 월급여의 절반을 보상금으로 지불해야 한다'고 규정했다.

〈노동계약법〉과 함께 시행하고 있는 〈노동계약법 실시조례〉 27조는 '〈노동계약법〉 47조에 규정한 경제적 보상, 즉 급여는 시간당(計時)급여 혹은 건당(計件)급여 및 상여금, 수당, 보조금 등 화폐적 수입을 포함한다'고 규정했다. 계약해제 혹은 종료 전 12개월의 평균급여가 현지 최저급여수준보다 낮을 때 현지 최저급여기준으로 계산한다. 노동자의 근무시간이 12개월 미만일 때 실제 근무 개월 수에 따라 평균급여를 계산한다.

C사는 법에 따라 설립한 독립법인으로 〈회사법〉 관련 규정에 따라 독립적으로 대외 민사책임을 져야 한다. 책임주체는 고위관리자의 변동에 따라 변하는 것은 아니다. 따라서 법인인감이 유효한 상황에서 C사는 상응한 책임을 져야 한다. C사는 책임을 진 후 D와 기타 고위관리자에 대해 추상권을 행사할 수 있다.

Ⅳ. E사의 법적 책임

E사와 76명 근로자와의 노동계약은 C사와의 노동관계가 해제된 후 체결한 것이다. E사와 노동관계 미 해제 근로자 간의 계약체결이 존재하지 않으므로 E사를 상대로 한 배상청구는 이유가 충분하지 않다. 하지만 C사와 E사는 경영분야가 동일하므로 노동자의 대량 유실은 불공정경쟁을 초래할 수 있다. 앞에서 제시한 바와 같이 C사와 비밀유지 협의서 혹은 경영금지 약정을 체결했고, 임직

원이 E사로 옮김으로 인해 C사가 손실을 입은 상황에서 E사에 상응한 책임을 추궁할 권한이 있다. 하지만 C사의 구체적 손실액수에 대한 증명과 그 손실의 발생원인이 근로자의 직장 이전에 있다는 것을 입증하는 것이 난제다.

산업 및 고용안정 등을 위해 외자 불법철수에 대한 단속수위가 높아지고 있다. 불법철수 범위와 책임에 대해 알아보자.

외국인기업 불법철수 관련 법률

[사례]

2008년 신정 이후 산둥(山東)성 옌타이(煙臺)시 푸산(福山)구에 위치한 한국(韓資) 의류기업 '옌타이 세강섬유유한공사'가 하루도 안 돼 텅비었다. 해당 기업의 대표이사와 부총경리 이하 50여 명의 한국 국적 임원이 모두 증발해 3개 의류

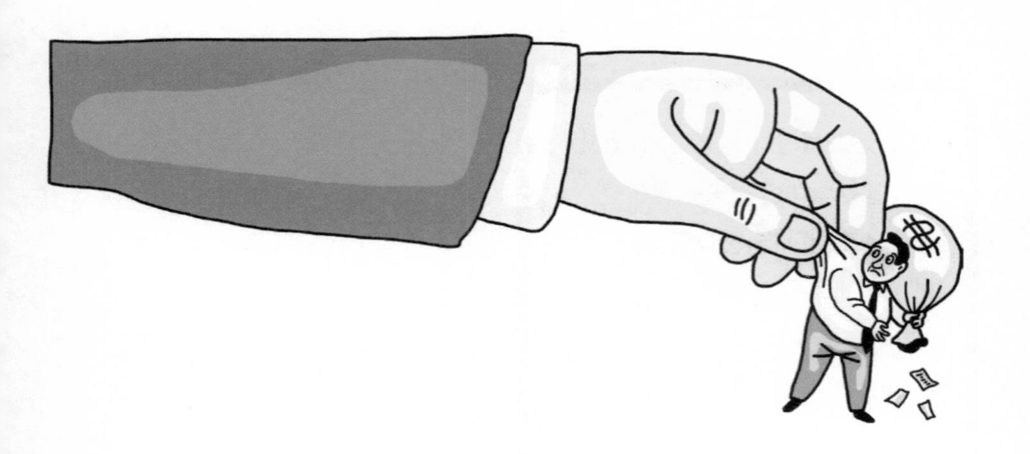

공장의 직원 3,000여 명이 하룻밤 사이에 사장과 일자리를 잃고, 밀린 월급도 못 받게 돼 피해가 심각했다. 같은 해 연말에는 베이징 스마오톈제(世貿天階)에 위치한 한자 대형마트인 C-MART(중문명 시마이더, 喜買得)가 돌연 문을 닫고 사장이 '실종'돼 납품업체와 직원들이 납품대금과 월급을 독촉하는 일이 발생했다. 베이징시 차오양(朝陽)구 법원의 입안 부처는 2008년 10월부터 해당 법원에 접수된 시마이더 관련 소송 및 재산보존 신청은 총 29건이고 집행 안건은 7건이라고 밝혔다. 이들 중 대다수가 납품업체의 대금지급 안건으로, 납품업체로는 만커둔(曼克頓)식품유한공사, 난징위룬(南京雨潤)식품유한공사 등 20개 기업이 있고, 상품금액은 56만 6,000위안이었다. 관련 보도에 따르면, 시마이더는 한국기업 시마이더상업유한공사로 베이징 스마오톈제 지하1층에서 1,000㎡ 규모의 대형마트를 운영했다. 2007년 말 해당 마트는 돌연 매장을 폐쇄했고 해당 기업의 법적대표인 한희규, 김희규, 김영자(모두 한국인)는 모두 행방을 감췄다.

Ⅰ. 외자 불법철수 현황

월스트리트에서 시작된 금융위기가 점차 신흥시장 실물경제에까지 파고들면서 국제시장에 대한 의존도가 큰 중국경제는 제일 먼저 그 영향을 받게 됐다. 최근 발표된 수치에 따르면 중국 내 외자유출이 올해 들어 더욱 가속화하고 있다. 2008년 11월 19일 중국 상무부, 외교부, 공안부, 사법부는 공동으로 〈중국 내 외자 불법철수 관련 다국적 추궁과 소송 업무 지침서(外資非正常撤離中國相關利益方跨國追究與訴訟工作指引, 이하 '지침서')〉를 발표해 외자기업의 불법 철수에 대한 관리를 강화했다.

〈지침서〉가 발표되자 한국 언론의 반응이 가장 강렬했다. '파이낸셜 투데이' 등 여러 언론사들은 중국정부의 조치가 주로 한국기업을 목표로 한 것이라고 주장했다. 최근 금융위기가 실물경제로 몰아치면서 한국투자기업 특히 노동집약적 기업들이 속속 철수하고 있다. 알려진 바에 의하면 산둥(山東)성 칭다오(靑島)에서만 지금까지 200여 개 한국기업이 불법으로 철수했다. 이런 기업들은 채무를 청산하지 않고 파산신청도 하지 않은 채 감쪽같이 사라졌다. 일부는 노임을 체불하고 채무를 갚지 않은 채 공장 건물과 설비를 남겨두고 야반도주하기까지 했다.

한국언론은 한국기업이 야반도주하게 된 이유가 중국 내 복잡한 청산절차와 그에 따른 과도한 시간 소모에 있다고 지적했다. 이와 관련해 중국 변호사와 전문가들은 사실 중국의 청산절차는 조금도 복잡하지 않으며 한국 측이 문제를 기피하기 위해 구실을 대고 있을 뿐이라고 반박했다. 중국의 해당 규정에 따르면 외자기업은 경영중지 공고를 발표한 날부터 15일 내 청산절차, 청산원칙과 청산위원회 명단을 작성해 심사기구에 보고해 통과된 뒤 청산해야 한다. 이 절차는 일본이나 독일의 〈회사법〉 등 선진국의 청산절차와 같으며 조금도 복잡하지 않다.

Ⅱ. 중국의 외국인투자기업 관련 입법 현황

어떤 투자든 수익과 리스크가 병존하기에 투자자가 이익만 챙기고 위험을 부담하지 않을 수는 없다. 세계 대다수 국가들은 법률적으로 자국 내 외자기업의 기본 권익을 보호하는 동시 상응한 법률법규를 내세워 외자기업의 책임 회피를 막고 있다. 중국은 일찍 개혁개방 초기에 〈중외합작경영기업법〉, 〈외상독자기업법〉 등 법률과 실시조례 및 세칙을 만들어 외자기업의 중국 내 투자에 대한 규정을 마련했다. 이런 외자 전문 법률법규는 〈회사법〉, 2006년에 채택된 〈기업파산법〉, 2008년부터 실시된 〈노동계약법〉 등이 있으며 중국 내 외자기업의 투자·경영·자금퇴출 등 행위를 관리하기 위한 법률적 시스템을 형성하고 있다. 〈외상독자기업법(外商獨資企業法)〉 21조에 따르면 외자기업이 해산할 경우 제때에 통보하고 법정 절차에 따라 청산해야 한다. 청산 완료 전에 외국인투자자는 개인적으로 기업의 재산을 처분하지 못한다. 〈기업파산법〉 제129조에 따르면 채무자가 법률 규정을 어기고 사사로이 거주지를 떠날 경우 인민법원은 훈계, 구류 처리할 수 있으며 법에 따라 벌금을 부과할 수도 있다. 〈노동계약법〉에 따르면 기업은 파산을 선언하고 영업허가증을 취소해야 한다. 기한 전에 해산할 경우 노동자들에게 경제적 보상을 해야 한다. 중국이 시장경제체제를 점진적으로 완비하고 법률시스템을 보완한 것은 바로 외자의 중국 내 합법적 투자와 경영을 위해 기반을 마련한 것이다. 이를 바탕으로 4개 부처는 〈지침서〉를 함께 마련했고, 〈지침서〉는 중국이 기타 나라와 체결한 사법협조조약과 서로 결부된다. 〈지침서〉는 중국의 관련 법률법규에 따라 시행된다.

Ⅲ. 〈중국 내 외자 불법철수 관련 다국적 추궁과 소송 업무 지침서〉 해석

〈지침서〉는 외자가 불법철수할 경우 중국측 당사자가 해당 사법 주관부처(법원 또는 조사기관)에 민·상사 또는 형사사건으로 고발할 수 있다고 규정했다. 구체적인 상황에 따라 각 주관부문은 각자 시스템 내 업무 절차 및 중국과 해당 국가간 〈민·상사 사법협조조약〉 또는 〈형사 사법협조조약〉에 근거, 조약에 규정된 중앙기구를 통해 대외에 사법협조요청을 제기할 수 있다.

〈지침서〉는 또 정상적인 청산 의무를 이행하지 않아 채권자에게 손실을 끼쳤을 경우 〈회사법 〉 해석 (2)의 규정에 따라 외국기업 또는 개인에게 상응한 민사책임을 물으며 회사채무에 대해 연대청산책임을 물을 수 있다고 규정했다.

〈회사법〉 해석 (2) 18조에 따라 회사의 주주·이사가 법정 기한 내 청산팀을 꾸리지 않아 회사의 자산이 절하, 유실, 훼손 또는 소멸돼 채권자가 배상책임을 추궁할 경우 법원은 채권자를 지지 옹호한다. 19조에는 '회사의 주주·이사·실제 관리자가 회사 해산 후 회사 재산을 악의적으로 처분했거나 법적 절차를 거치지 않고 청산했을 경우에도 채권자가 배상책임을 요구하면 법원은 채권자를 지지한다'고 명시하고 있다.

〈지침서〉는 '중국 측 당사자가 중국법원에서 승소했으나 외국인당사자가 중국 내에 집행할 재산이 없을 경우 승소자는 외국법원에 중국법원의 판결을 인정하고 집행해 줄 것을 신청할 수 있다'고 했다.

극소수의 악의적인 탈세자나 범죄용의자에 한해 〈지침서〉는 중국정부가 외교루트를 통해 인도신청을 제기해 법적 추궁을 하게 된다고 했다.

〈지침서〉의 출범은 중국정부가 외자 투자행위를 규범화하는 데 더욱 신경을 쓰고 있음을 의미한다. 현재 중국경제는 노동집약형경제로부터 인재·자금집약형경제로 바뀌었다. 투자유치 분류, 외자기업의 중국 내 경영방식 및 외자 철수 과정에서 중국측 이익을 보호하기 위해 중국정부는 관련 법률과 제도를 완비할 것이다.

Ⅳ. 외자 불법철수의 법적 책임

1. 민사책임

(1) 청산책임

중국 〈회사법〉에 따르면 법에 따라 회사의 영업허가를 취소하고 강제폐쇄할 수 있다. 철수로 인해 회사가 해산할 경우 회사는 해산사유가 발생한 날로부터 15일 이내에 청산팀을 구성하여 청산을 실시해야 한다. 유한책임회사의 청산팀은 주주로 구성되고, 주식유한회사의 청산팀은 이사 또는 이사회에서 승인한 인원으로 구성된다. 주주가 적시에 청산 의무를 이행하지 않아 회사재산손실을 초래, 채권자에 대한 채무변상 의무를 이행할 수 없거나 또는 채권자가 채권의 실현을 위해 불필요한 원가를 지불하게 될 경우, 주주는 모두 그에 따른 배상책임을 져야 한다.

⑵ 주주권리와 법인 독립지위남용 연대책임

중국 〈회사법〉 20조는 '주주는 법에 따라 주주권리를 행사하고, 주주권리를 남용하여 회사 또는 다른 주주의 이익을 침해해서는 안 된다. 회사법인의 독립지위 및 주주의 유한책임제도를 남용하여 기업채권자 이익을 침해해서는 안 된다. 회사주주가 권리를 남용하여 회사 또는 기타 주주에게 손실을 입혔을 경우 법에 따라 배상 책임을 추궁하게 되고, 회사주주가 회사 법인의 독립지위 및 주주의 유한책임제도를 남용하여 채무를 회피하고 회사 채권자의 이익을 엄중하게 침해했을 경우 회사 채무에 대한 연대 책임을 추궁한다'고 규정했다.

일부 외자기업의 주주들은 지위를 이용하여 재산을 이전·은닉하거나 허위채무를 부담하는 식으로 회사의 실제 재산이 채무에 비해 적다는 허위 사실을 만들어 그 손실을 회사 채권자에게 전가시키기도 한다. 이러한 행위는 회사 채권자의 이익을 침해하고 주주권리를 남용하는 것인 동시에 또한 회사의 독립인격에 대한 모독으로 그 결과는 법에 대한 부정으로 이어진다. 외자기업의 주주가 법적 책임을 회피하거나 부당한 이익을 챙겨 채권자의 이익을 침범했을 경우 법으로 회사의 실체를 밝히고 외자투자자, 주주 또는 기타 관련 책임자가 회사의 채무를 부담하도록 한다.

2. 형사 책임

중국 〈형법〉에는 자본 불법철수 행위가 엄중할 경우 형사범죄가 성립된다고 규정하고 있다. 해당 범죄는 다음과 같다.

(1) 계약사기죄

외자기업이 공급사의 대금을 연체하고 자금을 불법 철수하는 것은 악의적 채무회피 행위로 엄중한 계약사기에 속한다. 중국 〈형법〉 224조에 규정된 계약사기죄의 형식으로 '상대방 당사자가 지불한 화물, 대금, 선불금 혹은 보증재산을 수수한 후 도피한' 경우가 포함된다. 계약이행에 불성실하거나 계약 이행능력이 없는 외자기업이 고의로 허위사실을 조작하거나 진상을 은닉하고 상대방 당사자를 기만하여 계약을 체결한 뒤 화물을 받고 도망친 경우, 그 금액이 비교적 클 때는 계약사기죄로 형사책임을 물을 수 있다. 계약사기죄가 성립해 관련 금액이 크거나 또는 기타 엄중한 사항이 있는 경우 3년 이상 10년 이하의 유기징역형을 선고하고 벌금을 병과한다. 금액이 크거나 또는 기타 특별 엄중 사항이 있는 경우에는 10년 이상의 유기 징역 또는 무기징역을 선고하고 벌금을 병과하거나 재산을 몰수한다.

(2) 대출금 사기죄

일부 외자기업들은 중국에서 철수 시 거액의 은행대출금을 연체하는데 저당 잡힌 설비를 이전·은닉하거나 그 가치를 과장해 대출금을 상환할 수 없게 되는 경우가 종종 있다. 중국 〈형법〉 193조에 규정된 대출금 사기죄에는 4가지 범죄 유형 외에 '기타 방식으로 대출금 사기 행위를 저지른' 경우라는 '기준 조항'이 있다. 여기서 언급한 ‘기타 방식’은 대출 후 고의로 자금 또는 자산을 이전하고 반환하지 않는 경우를 말하는 것으로 일부 외자기업들의 불법 철수는 바로 이 ‘기타 방식’에 해당된다.

중국 최고인민법원의 〈사기사건 심리 시 구체적으로 법률을 응용하는 약간 문제에 관한 해석(關于審理詐騙案件具體應用法律的若干問題的解釋)〉에 따르면 ‘대출금의 출처를 숨기고 대출금 상환 기한이 지난 후에도 상환하지 않을 경우’는 ‘기타 엄중한 사항’에 속하며 5년 이상 10년 이하의 유기징역을 선고하는 동시에 5만 위안 이상 50만 위안 이하의 벌금을 병과한다. ‘대출금을 가지고 도주할 경우’는 ‘기타 특별 엄중 사항’에 해당되며 10년 이상의 유기징역 또는 무기징역을 선고하고 5만 위안 이상 50만 위안 이하의 벌금을 병과하거나 재산을 몰수한다.

(3) 세금추징 회피죄

중국 세무부처는 중국에서 철수하기 전에 세금을 체납하고, 자산을 이전 또는 은닉하고 도주한 외자기업에 대해서 체납된 세금을 추징할 수 없게 된다. 그러나 체납세금 추징 회피금액이 1만 위안 이상일 경우에는 죄가 성립된다. 중국 〈형법〉에서는 세금추징 회피금액이 1만 위안을 넘어서는 경우 3년 이하의 유기징역 또는 구금형에 처하고 체납 세금의 1배 이상 5배 이하의 벌금을 병과 또는 단과 한다고 규정하고 있다. 체납 세금이 10만 위안 이상일 경우에는 3년 이상 7년 이하의 유기징역을 선고하고 체납 세금의 1배 이상 5배 이하의 벌금을 병과한다.

(4) 판결, 처분 유기죄

인민법원의 판결, 처분을 집행할 수 있는 능력이 있음에도 그것을 집행하지 않은 경우 〈형법〉 313조의 규정에 따라 관련 책임 당사자의 형사 책임을 추궁하고 3년 이하의 유기징역, 구류형 또는 벌금을 부과한다.

최고인민법원의 〈판결, 처분 유기 사건 심리 시 구체적으로 법률을 응용하는 약간 문제에 대한 해석(關于審理拒不執行判決、裁定案件具體應用法律若干問題的解釋)〉의 규정에 따르면 인민법원의 판결, 처분이행 의무를 지닌 자가 아래의 사항에 해당하는 것은 '엄중한 경우'로 구분된다. 인민법원에서 집행통지서를 발부한 후 이미 법에 따라 차압·가압류되거나 점검을 거쳐 보관하도록 명한 재산을 은닉·이전, 환금하거나 훼손시켜 판결·처분을 집행할 수 없게 된 경우는 '엄중한 경우'에 포함된다. 집행 과정 중 인민법원에 담보로 제공한 재산을 은닉·이전, 환금하거나 훼손시켜 판결·처분을 집행할 수 없게 된 경우도 있다. 이에 대해 인민법원은 판결에서 '처분집행 의무를 지닌 기업의 직접적 책임 담당자와 기타 직접적 책임자가 해당 기업의 이익을 위해 상기 행위를 함으로써 특별히 엄중한 결과를 초래한 경우 직접적 책임 담당자와 기타 직접적 책임자에 대해 〈헌법〉 313조의 규정에 따라 처벌한다'고 했다.

(5) 차압·가압류·동결재산 불법 처리죄

현재 발생하고 있는 외자기업의 불법철수 사건을 보면 일부 기업은 이미 소송 단계에 있으며 그 산하의 일부 재산은 사법기관에 의해 차압·가압류된 상태다. 중국 법률에서는 차압·가압류된 재산을 함부로 은닉·이전, 환금하거나 훼손시키는 행위는 범죄 혐의가 있다고 명시했다. 〈형법〉 314조에는 차압·가압류·동결재산 불법 처리죄에 대해 3년 이하의 유기징역, 구류형 또는 벌금을 부과한다고 규정하고 있다.

중국정부가 〈지침서〉를 발표하면서 불법철수 외자기업에 대한 책임 추궁은 국제적인 사항이 되고 있다. 현재 중국정부는 각국 정부와의 협상에 착수하여 공동으로 관련 대응책을 마련하고 있다.

중국 내 한국기업들의 대량 불법철수 문제에 대한 한국정부의 태도는 적극적이다. 한국 산업자원부와 기타 관련 부처 및 기업지원 단체들은 공동으로 관련 방안을 마련하고 있다. 한국 외교통상부는 베이징에 주중 한국 대(영)사관에 법률 전문가들로 구성된 '애로기업 상담지원 센터'를 설립하고 베이징 내 한국투자기업들을 지원한다. 불법철수 사례가 많이 발생하고 있는 산둥성에서는 칭다오 주재 한국 총영사관, 대한무역투자진흥공사 및 중소기업지원센터 등의 전문가들로 구성된 기업청산 대책반을 구성하여 한국투자기업들의 청산업무를 지원하는 동시에 관련자에 대한 인신안전 보호조치를 제공하는 등 서비스를 제공하고 있다. 동시에 이를 통해 중국에서 정상적으로 운영되고 있는 기타 한국투자기업들에 영향이 미치지 않도록 조심하고 있다.

이 밖에 중국에서 악의로 세수납입 및 피고용자 노임지불을 회피하는 기업인, 그리고 현지에서 범죄를 저지른 후 그 책임을 피하기 위해 귀국하는 한국기업들에 대해 한국정부는 그들을 사법처리하는 방안을 마련하고 있다. 한국정부는 밝혀진 증거를 기초로 한국 국내의 법률에 따라 제재를 가하며 중국이 중국의 법률에 따라 제재할 것을 요구할 경우 한국정부는 〈중한 인도 조약〉 혹은 〈형사사법 호조 조약〉에 따라 조치를 취하게 된다.

Ⅴ. 결론

중국의 법제가 점차 완비됨에 따라 외자의 합법적 철수도 번거롭지 않게 됐다. 기업은 쉽고 간단한 절차를 거치면 철수할 수 있다. 예를 들어 외국인투자자는 소유한 외자기업 지분을 양도해 지분양도금을 받고, 외자기업의 경영관리권을 지분 양수인에게 넘기면 철수할 수 있다. 또한 다른 합작자와 합병, 분립 협의를 맺어 외자기업을 다른 기업에 병합시키거나 몇 개의 회사로 나눠 외자기업의 유효자산과 업무를 신규 회사로 이전하고 해당 기업의 일부 지분이나 자산 양도금을 받는다. 그 다음 기존 외자기업을 말소하면 전체 또는 일부 철수 목적을 달성할 수 있다. 자산이 부채보다 적고, 파산에 직면한 기업은 합법적으로 청산해야 하며 도피로 해결해서는 안 된다. 법치사회인 중국에서는 신용제도 역시 완비되고 있다. 중국에서 불량 투자기록을 남긴 외국기업인은 블랙리스트에 등록되고, 이는 다시 향후 중국투자에 걸림돌이 될 수도 있으므로 득보다 실이 더 많다.

투자·무역

기업경영

진입만큼 중요한 철수, 해산 및 청산 방법과 절차에 대해 알아본다.

〈회사법〉과 사법해석

[사례]

리 모, 양 모, 자오 모, 류 모 4인은 2007년 공동 출자해 A기업을 설립했다. 리씨는 지분 52%, 양·자오·류씨는 각각 20%, 18%, 10%를 가졌다. 리씨와 자오씨는 부부관계였지만 이후 2009년 9월 법원에서 이혼 판결을 받았다. 2010년 1월 리씨는 법원에 A기업을 제소했다. 자신이 자오씨와 이혼하면서 주주 간 관계가 악화됐고 이것이 A기업의 경영관리에 심각한 영향을 준다는 이유였다. 리씨는 그러면서 법원에 A기업 해산 및 본 안의 소송비용 부담에 대해 판결해달라고 요구했다.

위 소송에 대해 법원은 〈회사법〉 183조에 따라 '기업경영관리에 심각한 어려움이 발생해 주주의 이익에 지속적으로 중대한 손실을 가져오고 다른 방법으로는 해결할 수 없을 경우 기업의 표결권 10% 이상을 보유한 주주가 인민법원에 기업 해산을 요청할 수 있다'고 판결했다. 최고인민법원의 〈중화인민공화국 사법 약간 문제에 관한 규정 2(關于適用中華人民共和國公司法若干問題的規定二)〉 1조는 '경영관리에 심각한 어려움 발생' 상황에 대해 더욱 명확하게 규정했다. 예를 들어 2년 연속 이상 주주회나 주주총회를 개최할 수 없고, 연속 2년 이상 주주회나 주주총회의 결의를 할 수 없어 기업경영에 심각한 어려움을 야기한 경우다.

위 사례에서는 주주인 리씨와 자오씨가 이혼했으나 A기업의 생산경영활동을 자오씨가 계속 관리하면서 기업에 이상이 나타나지 않았고 법률이 규정한 '기업 경영관리에 심각한 어려움'으로 인한 기업 강제 해산 상황이 발생하지 않았다. 법원은 리씨의 요구를 받아들이지 않고, 〈민사소송법〉 64조와 〈최고인민법원 민사소송 증거에 관한 약간 의견〉 2조 규정에 의거, 원고 리씨의 소송을 기각하고 본 안의 소송비용은 리씨가 부담하도록 판결했다.

2006년 1월 1일 정식 시행된 현행 〈회사법〉은 총 219개 조항으로 구성돼 있다. 중국 내에 설립된 유한책임공사와 주식유한공사를 규제하는 법으로 시행된 이후 소송의 편의성을 높이기 위해 최고인민법원은 사법해석을 내놨다. 2011년 8월까지 세 차례에 걸쳐 〈회사법〉 사법해석이 나왔고 재판에 적용됐다. 최고인민법원 민사심판법정은 앞으로 네 번째, 다섯 번째 사법 해석이 나올 것이라고 밝혔다.

총 6개 조항으로 구성된 〈회사법 적용 약간 문제에 관한 규정1(이하 '사법해석 1')〉은 2006년 5월 9일 정식 시행된 이후 신구법 적용 문제를 해결했다. 〈입법법〉은 '법률불소급의 원칙'을 분명히 했다. 이 원칙에 따라 〈사법해석 1〉은 '〈회사법〉 시행 이후라 하더라도 인민법원이 아직 판결을 내리지 않았거나 새롭게 접수한 민사안건의 민사행위 혹은 사건이 〈회사법〉 실시 이전의 것이면 당시의 법률법규와 사법해석을 적용한다'고 명확히 규정했다. 당시의 법률법규와 사법해석에 명확한 규정이 없는 상황에서 관련 민사행위나 분쟁이 인민법원에 이미 기소된 경우에는 〈회사법〉 관련 규정을 참고 적용할 수 있다. 그러나 〈회사법〉 시행 전 이미 최종 판결이 난 뒤 법에 의거 재심해야 할 안건은 〈회사법〉 규정을 적용하지 않는다.

〈회사법 적용 약간 문제에 관한 규정 2(이하 '사법해석 2')〉는 2008년 5월 19일에 정식 시행됐다. 총 24조로 구성됐으며 기업해산과 청산, 기업해산 사유가 발생한 이후 기업, 주주, 채권자, 채무자, 청산책임자의 권리의무에 대해 규정했다. 주요 내용은 다음과 같다.

Ⅰ. 기업해산소송 수리조건

시장경제주체인 기업은 시장진입규칙을 준수하는 동시에 완벽한 시장퇴출체제를 갖춰야 한다. 그러나 오랫동안 법률미비로 많은 기업이 해산사유 발생 이후 제때 청산하지 않거나 해산을 이유로 채무를 이행하지 않아 채권자의 이익을 침해하고 시장경제질서를 교란했다. 이러한 문제를 해결하기 위해 2005년 수정된 〈회사법〉 183조는 '기업경영 관리에 심각한 어려움이 발생하고 지속적으로

주주의 이익을 크게 침해하며 다른 방법으로 해결할 수 없을 경우 기업 전체 주주 표결권 10% 이상을 보유한 주주가 인민법원에 기업 해산을 신청할 수 있다'고 밝히고 있다. 그러나 이 규정은 실효성이 부족해 각 지역 법원의 이해와 적용에 많은 논란이 존재했고, 기업해산 요청이 입안되기 어려웠다.

〈사법해석 2〉는 특별히 이 부분의 내용을 구체화했다.

1. 기업해산요청 시 소송원고의 신분은 '단독, 혹은 연합해 기업 전체 주주의 표결권 10% 이상을 보유한 주주'라는 조건에 부합해야 한다.

2. 기업해산요청 시 소송사유는 〈사법해석 2〉 1조에서 언급한 4가지 상황에 부합해야 한다. 그 중 '기업이 연속 2년 이상 주주총회를 개최하지 못하고 기업경영관리에 심각한 어려움이 발생했을 때' 에서 '2년'은 해당 연도를 포함한다. 기업 이사 간에 장기간 충돌이 있을 경우 우선 주주총회를 통해 해결하고 주주총회에서 이사의 충돌을 해결할 수 없을 경우에만 적합한 주체가 기업해산요청 소송을 제기할 수 있다.

3. 1조 2항에서는 법원이 소송을 접수하지 않는 경우에 대해 밝혔다. '주주가 알 권리, 이윤분배 요구권 등 권익을 침해당했거나 기업적자·자산부족으로 전체 채무를 상환할 수 없는 경우, 기업이 기업법인영업허가증을 취소당하고 청산을 하지 않았다는 등의 이유로 제기한 기업해산소송은 인민법원은 접수하지 않는다.

위 조항은 다음의 내용에 대해서도 명시하고 있다.

(1) 주주권익 침해를 이유로 기소한 경우 법원은 접수하지 않는

다. 단, 주주 권익침해에 기업의 심각한 경영난의 이유가 더해져 기소한 경우 법원은 접수한다. 즉 기소장에 표시된 것이 주주의 권익침해 외에 기업경영에 심각한 어려움이 있다고 기술했을 경우다. 중국법원은 입안단계에서 문서자료를 심사하는 것이 의무이므로 '기업경영에 심각한 어려움이 발생했다'는 기술과 증거가 있으면 법원은 입안해야 한다.

(2) 기업적자, 자산부족으로 전체 채무를 상환할 수 없고 기업이 기업법인영업허가증을 취소당하고 청산하지 않은 것을 이유로 기업해산 소송을 제기한 경우 법원은 접수하지 않는다. 이 같은 상황이 나타났을 경우 원고는 기업해산이 아닌 청산요구소송을 해야 한다.

〈회사법〉 183조 및 〈사법해석 2〉 1조를 보면 사법역량이 기업해산에 직접 개입하는 문턱이 상대적으로 높다는 것을 알 수 있다. 기업경영관리에 심각한 어려움, 주주 권익 침해 등 이외에 인민법원이 요구하는 기업해산의 중요한 조건은 '다른 방법을 통해도 해결할 수 없는 것'이다. 입법의 본뜻은 기업의 주주가 스스로 갈등을 해소하고 해결하는 데 있다.

Ⅱ. 청산 및 해산 절차

〈회사법〉 181조, 184조, 〈사법해석 2〉 2조에 따라 기업해산 판결을 내릴 때 기업청산을 동시에 확정하지 않고 기업이 15일 내에 자체적으로 청산팀을 구성해 청산을 진행하도록 요구한다. 기간이 지나도 자체청산하지 않을 경우 채권인은 인민법원에 청산팀을 구

성하고, 청산절차를 진행하도록 요청할 수 있다. 주주가 기업해산 소송을 낼 때 청산도 함께 요구하는 경우가 많은데 〈사법해석 2〉에서는 기업해산과 기업청산의 분리원칙을 명확히 했다. 그 이유는 다음과 같다.

1. 양자의 성격이 다르다. 해산소송은 변경소송으로 〈민사소송법〉의 정상적인 심리 과정에 따라 진행된다. 그러나 청산은 비(非)소송과정으로 신청서 제출, 처리절차 등이 포함된다. 이것은 정상적인 소송절차가 아니다. 양자의 재판 절차가 달라 한꺼번에 심리할 수 없다.

2. 법원이 기업해산 소송을 접수했다고 기업이 반드시 해산되는 것은 아니다. 또한 기업이 해산한다고 해서 기업의 자체청산이나 강제청산을 확정할 수 없다. 일반적으로 자체 청산이 불가능할 때만 법원에 강제청산을 신청할 수 있다. 두 과정이 모두 불확정적이라 함께 심리할 수 없다.

〈회사법 적용 약간 문제에 관한 규정3(이하 '사법해석 3')〉은 2011년 2월 16일 정식 시행됐다. 총 29조로 구성돼 있으며 기업설립, 출자하자, 주주권 확인 등에 관계된 문제에 대해 규정했다. 주요 내용은 다음과 같다.

Ⅰ. 기업설립단계에서 발기인이 체결한 계약의 책임 소재

기업설립단계에서 발기인이 대외적으로 체결한 계약은 기업이익이나 개인의 이익이 있을 두 가지 가능성이 있다. 계약 상대방은 계약의 이익귀속을 증명하기 어렵기 때문에 거래의 안전과 시장질서

를 보호하기 위해 〈사법해석 3〉은 외관주의 기준에 따라 계약 책임 소재를 확정한다.

1. 발기인이 기업설립을 위해 자기명의로 체결한 계약은 원칙적으로 발기인이 책임진다. 만일 기업설립 후 해당 계약을 확인하거나 기업이 이미 실제 계약주체가 됐다면 계약 상대방이 기업에게 책임을 물을 경우 기업이 계약에 대한 책임을 질 수 있다.

2. 발기인이 설립 중인 기업명의로 체결한 계약은 원칙적으로 설립 후 기업이 책임진다. 단, 발기인이 자신의 이익을 위해 계약을 체결했다는 것을 기업이 증명할 수 있고 계약 상대방이 이를 명확히 알고 있다면 설립 후 기업이 계약책임을 지지 않고 발기인이 진다.

Ⅱ. 주주출자의무 이행독촉

1. 출자의 민사책임 주체범위를 확대했다. 〈회사법〉 94조 1항은 주식유한공사 기타 발기인의 연대출자의무를 유한책임공사에도 적용했다. 즉 유한책임공사 주주가 정관에 규정된 출자를 하지 않을 경우 발기인 주주와 해당 주주는 연대책임을 진다. 또한 증자 과정에서 주주가 출자의무를 다하지 않을 경우, 근면의무에 위배된 이사와 고위관리자는 상응하는 책임을 진다. 이 밖에 주주의 출자도피를 도운 주주·이사·고위관리자나 관련자는 연대책임을 진다.

2. 주주의 출자의무 이행을 요구하는 주체 범위를 확대했다. 기업이 요구할 수 있고 기타 주주도 소권을 행사할 수 있으며 채권

자도 다양한 상황에서 요구할 수 있도록 명시했다.

3. 주주가 출자의무를 다하지 않을 때의 책임부분에 이자책임까지 포함했다. 즉 주주가 출자의무를 회피할 때 이로 인한 이자손실도 주주 등 책임자의 배상범위에 속한다.

4. 주주의 출자 민사책임과 관련한 항변을 제한했다. 주주의 출자의무는 소송 시 시효제 적용을 받지 않으며 신분항변을 할 수 없다. 즉 명의상 주주라도 출자 의무를 이행해야 한다.

채권양도, 언제 어떻게 가능할까?
양도자 및 양수자의 의무와 절차에
대해 알아보자.

채권양도 사례로 본 법률

[사례]

2007년 5월 중국의 A사와 한국의 B사는 합자형식으로 C사를 설립하고 캐시미어 제품 수출을 시작했다. 2007년 8월 C사는 은행에서 350만 위안을 대출받아 경영 규모를 확대했다. 그러나 경기가 좋지 않아 대출금을 상환할 수 없게 됐다. 2008년 9월 은행 측은 상기 대출금을 15만 위안의 가격으로 D회사에 양도했다. 그러나 구체적인 양도사항을 C회사에 통보하지 않았다. 그 뒤 D회사는 채권양도협의에 따라 채권자의 신분으로 소송을 제기하고 대출금 상환을 요구했다. 심사를 거친 후 법원은 '은행은 채권양도 때 C사에 통보하지 않았으므로 해당 양도는 C회사 상대로 효력을 갖지 않

으며 C사는 D사를 상대로 채무상환 책임을 질 필요가 없다'고 판결했다.

법률분석

Ⅰ. 채권양도 때의 '통보사항'

채권양도란 기존의 대차계약을 변경하지 않는 상황에서 채권자가 제3자와 양도계약을 체결하는 방식으로 채권을 제3자한테 양도하고 제3자가 권리금을 지불하는 것을 가리킨다. 중국에서 채권양도와 관련된 법률은 〈민법통칙〉, 〈계약법〉, 〈담보법(擔保法)〉 등이 있다. 〈계약법〉 80조는 '채권자는 권리양도 시 채무자에게 통보해야 한다. 통보를 안 했을 경우 해당 양도는 채무자에게 효력을 갖지 않는다'고 명시하고 있다.

상기 조항에 따라 채권자가 제3자와 양도계약을 체결할 경우 채무자에게 통보해야 한다. 해당 채권이 이미 제3자에게 양도됐을 경우 채무자는 제3자를 상대로 채무를 상환해야 한다. 통보는 꼭 해야 한다. 그렇다면 통보의무는 어느 측에서 이행하는가? 일반적인 경우 채무자는 양수인의 상황에 대해 전혀 모를 수 있다. 분쟁이나 사기를 피하기 위해서는 기존의 채권자가 통보의무를 이행해야 한다. 〈계약법〉 80조 2항은 '채권자는 채권양도 시 통보사항을 철회하지 못한다. 단, 양수인의 동의를 얻은 경우는 예외로 한다'고 규정하고 있다. 이는 실제로 원 채권자가 채무자에게 양도사실을 통보해야 함을 가리킨다. 통보방식과 관련하여 〈계약법〉은 강제성 규정을 명시하지 않았다. 그러나 향후 권리주장 시 유력한 증거물을 제출할 수 있도록 채권자는 채무자를 상대로 서면으로 통보하는 것이 유리하다. 통보기한에 있어서도 강제성 규정을 담지 않았다. 일반적으로 채권자가 채권양도 사항을 제때에 채무자에게 통보하면 된다. '제때'란 채무이행기한 만료 전을 가리킨다. 채무이행기한이 만료되면 채무자가 채무 이행 중이거나 이행준비를 하다가 추가비용지출이 발생할 수 있고, 또한 채무자의 항변주장에도 불리할 수 있다. 채무이행기한이 이미 만료됐고 채무자가 계약이행을 완수했을 경우 채권채무 관계가 소멸되며 채권양도는 존재할 수 없다.

위 사건심리 중 D사는 '채권자 신분으로 법에 소송을 제기한 행위는 곧 C사를 상대로 통보의무를 이행한 것'이라고 주장했다. 이 같은 주장에 대해 변호사는 '법원이 소송법에 따라 당사자에게 법원에 출두해 소송에 참여하라는 직무를 이행하면서 통보효과가 발생한 것일 뿐, 채권자 혹은 양수인이 통보의무를 행사한 것이 아니다'고 주장했다.

양수인이 제소를 통해 채권양도 사실을 채무자한테 알린 행위는 통보의무를 이행한 것으로 인정할 수 없다. 앞에서 언급한대로 원 채권자에 통보의무가 있을 뿐만 아니라 소송으로 통보하는 것은 채무자의 즉각적인 이의제기 및 상환연기에 불리하기 때문이다. 또한 공평원칙에도 위배된다.

〈계약법〉에 따라 채권자는 채무자의 동의를 얻을 필요 없이 채무자에게 통보만 하면 된다.

1. 채무자에게 통보해야만 채무자 상대로 채권양도 효력이 발생한다. 소송을 제기하는 방식은 통보로 인정될 수 없다.
2. 채권자가 통보해야 한다. 상기 사례에서 은행은 통보의무를 이

행하지 않았다. 또한 소송제기는 통보방식으로 인정될 수 없으므로 채무자를 상대로 채권양도 효력이 발생할 수 없다.

Ⅱ. 채권액수보다 훨씬 싼 가격(價金)으로 채권을 양도한 양도계약은 효력이 있을까?

상기 사례에서 은행이 15만 위안의 가격으로 350만 위안의 채권을 양도한 행위는 효력이 있을까? 양도협의는 계약 쌍방의 진실한 의사를 구현해야 한다. 따라서 자격이 적절하고 내용이 합법적이며 법에 의해 합법적인 것으로 인정받아야 한다. 요즘 들어 많은 채권이 상당히 싼 권리금으로 양도되면서 경제질서를 어지럽히고 있다. 2008년 10월 14일 중국정부의 8개 부처와 위원회(部委)는 〈금융분야의 부실채권 양도사건 심리에 관한 최고인민법원의 좌담회 기록요지(最高人民法院關于審理涉及金融不良債權轉讓案件工作座談會紀要)〉를 발표하고 '법원은 국가이익, 공공이익을 침해하는 양도행위를 무효로 처리한다'고 규정했다. 무효행위는 다음과 같은 경우다.

1. 양수인과 내통하여 채권을 양도한 경우
2. 채무자 혹은 보증인이 국가기관인 경우
3. 국방, 군수공업 등 국가 안전과 민감한 정보와 관련된 양도계약
4. 합법적인 평가를 하지 않은 경우, 혹은 평가기구와 채무자가 서로 내통하여 부실자산을 적게 평가하거나 아예 평가하지 않은 경우
5. 양수인이 국가 공무원, 금융감독관리기구 임직원, 사법경찰, 금융자산관리회사 임직원, 국유기업 채무 관리자 및 자산 처분에

참여한 변호사, 회계사, 감정사 등 중개기구 관련 인원인 경우

법원은 상기 유형의 양도계약을 무효로 인정한다. 무효 인정 후 법원은 〈계약법〉의 관련 규정에 따라 처리한다. 양수인이 양도인 상대로 손해배상을 요청했을 경우 배상금 총액은 양수인이 실제 지불한 권리금의 이자손실을 기준으로 한다.

법원은 관련 안건 처리 시 국가의 경제질서를 지키고 시장 리스크를 방지, 해소하는 것을 원칙으로 한다. 따라서 법원은 기업, 사회안정을 유지하고 발생 가능성이 있는 집단적, 돌발적 사건을 방지하는 것을 원칙으로 한다. 또한 사회 안정과 여러 당사자 이익의 균형을 잡는 데 중점을 두고 소송 과정에 우선적으로 조율을 한다. 법원은 각 당사자들이 협상을 하도록 이끌며 최대한 합의를 통해 분쟁을 해결한다.

기업파산 기준, 절차 및 방법을 알아야 불이익을 피할 수 있다.

〈기업파산법〉과 사법해석

[사례]

융싱(永興)현 전자설비유한공사는 2007년 7월 10일 공상행정관리 부처의 심사비준을 거쳐 설립됐다. 이후 경영관리 부실 등 이유로 2010년 전면 휴업하고, 2011년 6월 21일 전자설비유한공사 전 직원 30명은 법원에 해당 기업의 파산과 부채상환 선고를 신청했다. 융싱현 인민법원은 2011년 6월 21일 현재 전자설비유한공사의 총자산 151만 9,163위안, 총부채 226만 7,139위안, 순자산 마이너스 74만 7,975위안이라고 심사했다. 본 안 심리과정에서 전자설비유한공사는 2011년 10월 12일 화해신청을 했지만 채권자와 화해협의에 도달하지 못했다. 상술한 내용은 융싱융예(永興永業)회계사사무

소유한공사의 영심재심자 [2011] 119호 회계감사 보고서로 증명됐다. 그러나 전자설비유한공사는 회계감사 보고서가 기업의 자산상황을 객관적으로 반영하지 못했고 기업은 직원에게 연체한 채무를 상환할 능력이 있다고 주장했다.

2심 법원은 최고인민법원의 사법해석에 따라 회계감사보고서는 채무인의 자산총액이 채무를 상환할 수 있는지 여부의 근거가 될 수 있다고 판단했다. 전자설비유한공사가 다른 증거를 제출할 수 없는 상황에서 회계감사 보고서의 증명력은 합법적이고 유효해 전자설비유한공사는 부채상환능력이 없는 것으로 간주했다. 또한 경영관리 부실 등 이유로 2010년 이미 휴업했고 회사가 직원 30명의 생활비와 휴업생활비 70여만 위안을 빚졌다는 데 이견이 없으며 전자설비유한공사가 이미 전면 휴업해 가처분소득이 없어 현재 직원의 급여를 상환할 수 없다. 이를 근거로 기업의 상환능력이 부족하다고 판단할 수 있다. 이로써 전자설비유한공사는 파산 건에 부합해 법원은 파산상환을 선고했다.

〈기업파산법(企業破産法)〉은 지난 2007년 6월 1일부터 정식 시행됐다. 최고인민법원은 수정된 새로운 법 적용을 편리하게 하기 위해 3개 사법해석을 함께 반포했다. 하나는 〈기업파산법 시행 시 판결을 내리지 않은 기업파산 안건에 적용하는 법률에 관한 규정(企業破産法施行時尙未審結的企業破産案件適用法律若干問題的規定)〉으로 신·구 파산법이 교차단계에 사용하는 법률이다. 다른 2가지는 〈기업파산안건 심리 시 관리인 지정에 관한 규정(關于審理企業破産案件指定管理人的規定)〉과 〈기업파산안건 심리 시 관리인 보수 확정에 관한 규정(關于審理企業破産案件確定管理人報酬的規定)〉으로 파산 관리인과 그 보수에 관한 규정이다.

〈기업파산법〉과 3개 사법해석은 시행 이후 적자생존, 자원배분 최적화, 산업구조 조정 등에서 긍정적인 역할을 했다. 그러나 일부 법원이 시장경제 조정과정에서의 〈기업파산법〉의 중요성을 충분히 인식하지 못하고, 법률에서 규정한 파산안건 접수조건에 부합하는 신청을 각종 이유로 입안하지 않으면서 〈기업파산법〉의 순조로운 시행에 부정적인 영향을 미치고 있다. 이런 비정상적인 상황을 개선하기 위해 2011년 8월 29일 최고인민법원은 〈기업파산법 적용 약간 문제에 관한 규정1(이하 ‘기업파산법 사법해석 1’〉을 통과시키고 2011년 9월 26일 정식 시행했다. 중국정부는 이를 통해 〈기업파산법〉이 제 몫을 하기를 기대하고 있다.

Ⅰ. 파산원인

〈기업파산법〉 2조 1항은 채무인의 파산조건만족 여부를 판단하는 기준으로 다음 2가지를 명시하고 있다.

1. 채무인이 만기된 채무를 상환할 수 없고, 자산이 전체 채무를 상환하기에 부족한 경우
2. 채무인이 만기된 채무를 상환할 수 없고, 상환능력이 명백하게 부족한 경우

〈기업파산법〉은 ‘만기된 채무를 상환할 수 없을 경우’, ‘자산이 전체 채무를 상환하기 부족한 경우’, ‘상환능력이 명백하게 부족한 경우’에 대한 명확한 범위를 정하지 않아 시행 중 파산원인인정 기준에 다른 이해와 인식이 존재했다.

〈기업파산법 사법해석 1〉은 이를 구체적으로 규정해 법원이 더 쉽게 적용할 수 있도록 했다.

(1) 만기된 채무를 상환할 수 없을 경우

〈기업파산법 사법해석 1〉 2조는 아래의 상황이 동시에 존재하면 채무인이 만기된 채무를 상환할 수 없다고 간주한다고 밝히고 있다.

① 법에 의거 채권채무 관계가 성립돼야 한다. 즉 채무인이 부인하지 않거나 채권채무 관계를 부인할 만한 정당이유가 없는 경우, 또는 채무가 법적 효력이 발생한 문건에 확정됐을 경우다. 이렇게 규정한 이유는 채무인이 파산절차 신청을 연기하는 것을 방지하기 위해서이다.

② 채무이행기한이 이미 만료됐을 경우. 채무인이 상환할 수 없는 것은 이미 상환 기한에 도달한 채무이다. 파산절차는 본질적으로 개괄적 집행절차에 속해 만기에 도달하지 않은 채무는 채무인이 즉시 이행해야 할 의무가 없다. 때문에 집행절차의 제약을 받지 않는다.

③ 채무인이 완전히 상환하지 않은 채무. 채무인의 객관적인 경제상황이 어떻든 만기된 채무를 완전히 상환하지 않으면 만기채무를 상환할 수 없다고 본다.

이 밖에 민사주체는 독립적인 자격과 지위를 지니고 있어 단독 민사주체의 상환능력은 각각 심사해야 한다. 다른 민사주체 간에는 상환능력이나 파산조건 인정에 있어 연대관계가 없고, 기타 주체가 채무인의 채무에 대해 가지는 연대책임은 채무인에 대한 책임이지 채무인 본인의 상환능력의 연장이나 재생으로 볼 수 없다. 따라서 관련 당사자는 채무인의 채무에 대해 연대책임이 있는 사람이 상환능력을 상실하지 않았다는 것을 이유로 채무인이 파산원인을 갖추지 않았다고 하는 주장을 인민법원은 인정하지 않는다.

(2) 자산이 전체 채무를 상환하기 부족한 경우

자산이 전체 채무를 상환하기 부족한 경우란 채무인의 실제 보유자산이 전체 채무를 상환하기에 부족한 것으로, '자산이 빚보다 적은 경우'다. 자산이 빚보다 적은 경우의 자산은 실제 보유자산으로 제한하며 신용, 능력 등 채무인의 상환능력에 영향을 줄 수 있는 요소는 고려하지 않는다. 일반적으로 대차대조표는 기업의 자산, 부채, 소유자 권익의 총 규모와 구조를 반영하고, 이를 통해 채무인 자산상황의 명확성과 객관성을 판단한다.

그러나 대차대조표에 반영된 기업자산가치는 기한성과 불확실성이 존재하므로 기업이 자체적으로 제정한 상황에서 허위내용이 존재할 수 있다. 때문에 〈기업파산법 사법해석 1〉 3조는 '회계감사보고서나 자산평가보고서 등도 채무인의 자산총액이 빚보다 적은지 여부를 판단하는 근거로 쓸 수 있다'고 규정했다. 당사자가 채무인의 대차대조표나 회계감사보고서, 자산평가보고서 등에 기재된 자산 현황이 실제와 다르다고 여기면 당사자가 관련 증거를 제출해 대차대조표, 회계감사보고서나 자산평가보고서의 결론을 뒤집을 수 있도록 했다.

(3) 상환능력이 명백하게 부족한 경우

채무인이 만기된 채무를 상환할 수 없을 경우는 보통 자산보다 빚이 많다. 그러나 때로는 채무인의 자산 장부상의 액면가가 부채를 초과해도 자산구조가 불합리해서 만기된 채무에 대한 현실적인 지불 능력이 부족한 상황이 발생할 수 있다. 예를 들어 현금이 심각하게 부족하거나 자산을 장기간 현금화할 수 없으므로 채무를 상환할 수 없다.

〈기업파산법〉은 상환능력이 부족한 경우에 대해 지나치게 추상적으로 규정하고 있어 실제 파산인정이 어려워 해당 조항을 효과적으로 적용하는 데 영향을 미쳤다. 〈기업파산법 사법해석 1〉 4조는 상환능력이 명백하게 부족한 상황에 대한 예시를 나열했다. 채무인이 심각한 자금난이나 자산을 현금화할 수 없는 등의 이유로 채무를 상환하지 못할 경우, 법정대표인이 행방불명이고 재산을 책임지고 관리할 사람이 없어 채무를 상환하지 못할 경우, 인민법원의 강제집행에도 채무를 상환하지 못할 경우, 장기적인 적자로 인해 경영개선으로도 적자를 만회하지 못해 채무를 상환하지 못할 경우가 포함된다. 이로써 파산원인 인정의 난이도를 낮춰 파산절차가 효과적으로 운영되도록 했다.

Ⅱ. 파산신청서 제출

〈기업파산법 사법해석 1〉 5조 7항은 신청인이 제출한 파산신청의 구체적인 요구, 증거, 이의 등에 대해 밝히고 있다. 9조는 파산안건 접수과정에서 상급법원의 하급법원에 대한 감독 등 사무를 규정했다. 규정에 따라 신청인이 파산신청서를 제출하면 인민법원은 제때에 심사하고 법에 의거 접수 여부를 결정해야 한다. 인민법원이 내린 수리불가 결정에 대해 신청인이 〈기업파산법〉 12조 규정에 의거 상급법원에 상소할 수 있도록 함으로써 당사자의 소송권리를 충분히 보장했다.

그러나 사법시행과정에서 일부 법원이 당사자의 신청을 심사하지 않거나 심사 후 접수여부 결정을 제때에 하지 않아 신청인의 권리를 침해하는 사례가 나타났다. 때문에 감독을 강화하기 위해 〈기업파산법 사법해석 1〉은 '인민법원이 신청인이 제출한 파산신청을 접수하지 않았거나 신청인에게 신청서와 관련 증거를 받았다는 서면 증거를 발행하지 않은 경우, 법정기한 내에 접수 여부를 결정하지 않았을 경우 신청인은 직접 상급 인민법원에 파산신청을 할 수 있다'는 특별규정을 담았다. 상급 인민법원은 파산신청을 받은 뒤 하급법원에게 법에 의거 심사하고 제때에 수리 여부 결정을 하도록 명령해야 한다. 하급법원이 여전히 결정을 하지 않으면 상급 인민법원이 직접 결정할 수 있다. 상급 인민법원이 접수하기로 결정한 사안에 대해 하급 인민법원에게 심사 처리하도록 지시할 수 있다.

Ⅲ. 파산소송비 지불

기업파산안건 소송비용 문제는 〈기업파산법〉 41조, 43조, 113조와 〈소송비용 납입방법〉 10조, 14조, 20조, 42조가 명확하게 밝히고 있다. 파산안건 소송비용은 파산비용으로, 안건 접수 후에 자산파산 상황에 따라 액수를 확정하고 채무인 자산에서 지불한다. 신청인은 파산안건 소송비용을 예납할 의무가 없다.

그러나 현재 실제 사법 시행 중에서 일부 법원이 신청인이 파산안건 소송비용을 예납하도록 하고, 신청인이 소송비용을 예납하지 않을 때에는 이를 이유로 파산신청을 접수하지 않겠다고 결정하거나 파산신청을 기각하는 경우가 있었다. 이는 법률 규정에 명백히 어긋나는 것이다. 〈기업파산법 사법해석 1〉에서는 신청인이 법에 의거 인민법원에 파산 신청한 소송비용은 채무인의 자산에서 지불하고, 관련 당사자가 신청인이 소송비용을 선납하지 않은 것을 이유로 파산신청에 이의를 제기한 것에 대해 인민법원은 인정하지 않는다고 거듭 밝혔다.

기업이미지를 결정짓는 노사관계,
노사분쟁 방지 및 피해 축소를 위한
해답을 찾는다.

외자기업 노사분쟁 사례로 본 법률

[사례]

2011년 8월 15일 다국적 통신기업 G기업은 125억 달러로 다국적 통신기업인 M기업 전체를 매입했다. 2012년 8월 12일 M기업은 직원 20%를 감원하고 전세계 94개 사무소 중 1/3을 폐쇄하겠다고 발표했다. 중국은 감원의 '최대 피해지' 중 하나가 됐다. 전세계 94개 사무소가 폐쇄될 예정인 가운데 항저우(杭州) R&D센터의 500명 전 직원이 감원되고, 베이징 상하이에서도 감원인원이 있었기 때문이다.

M기업은 감원 과정에서 감원계획과 원칙 등 정보를 발표하지 않는 등 강경한 태도를 보여 직원들의 불만을 샀다. 또 협상 과

정에서 구체적인 급여, 복리, 보상 방안 등에 대해서도 노사 쌍방이 합의를 보지 못했다. 직원들은 보상이 낮다고 생각했다. 이 밖에 M기업이 과거 제공한 주택적립금은 직원이 M기업에서 연속 3년간 근무해야 받을 수 있었다. 그러나 기업이 합병되면서 많은 직원이

3년 기간을 채우지 못했고, M기업은 3년이 안 된다는 이유로 해당 복리를 취소함으로써 직원들의 불만을 샀다. 여러 차례의 협상이 있었지만 현재 직원 중 단 한 사람도 사직협의에 서명하지 않아 노사간의 감원협상은 교착상태에 빠졌다.

최근 팍스콘 직원의 잇딴 자살사건과 혼다의 파업이 사회적으로 큰 반향을 일으켰다. 이들은 모두 세계적으로 유명한 다국적 기업으로 중국을 발전전략의 중요한 시장으로 삼고 있다. 그런데 기업에서 가장 기본적인 부분인 일반직원관리에서부터 위기에 봉착하면서 기업이미지에 타격을 입었다. 직원의 입장에서 보면 이 두 사건은 생존 스트레스와 회사 측의 심각한 노동착취에 대한 반항이다. 그러나 팍스콘은 직원의 개인적인 과격한 행동으로 나타난 반면 혼다는 집단행동을 보여 그 표현 방법에서 다른 성향을 보였다. 중국의 경제, 법치 환경이 개선되고 세계 분업 형태가 전환되고 있는 상황에서 외자기업의 중국 내 기업·공장 설립과 투자에도 엄격한 법률적 규제가 적용되는 것은 필연적인 현상이다. 따라서 외

자기업은 개선되고 있는 중국시장에 적응해야 한다.

Ⅰ. 현행 노동 관련 법률

2008년 1월 1일 시행된 〈노동계약법〉은 외자기업의 중국 내 공장 설립이 늘고 있는 상황에서 중국정부가 자국 근로자에 대한 보호조치를 강화한 법으로 평가 받고 있다. 같은 해 9월 18일 국무원은 노동계약법의 구체적인 사안을 상세히 규정한 〈노동계약법 실시조례〉를 통과시켜 〈노동계약법〉의 실용성을 강화했다. 중국은 앞서 1992년 〈노동조합법〉을 통과시켜 기업 내 노조설립과 직원의 권익 보호에 대한 일련의 사안을 규정했다. 1995년에는 〈노동법〉을 시행해 노동계약 휴식휴가 임금 직업교육 노동분쟁 등에 대해 규정했다. 고용시스템이 불안한 중국에서 〈노동계약법〉 및 시행조례는 중국의 모든 기업을 대상으로 노동계약에 대해서만 규제한 것으로, 기타 사항은 〈노동법〉과 〈노조법〉 규정을 따라야 한다.

노동분쟁이 빈번해지면서 2008년 5월 1일 중국정부는 〈노동분쟁 조정중재법〉을 통과시켰다. 이 법 5조는 '노동분쟁 발생 후 당사자가 협상을 원치 않거나 협상이 결렬됐을 때, 또는 협상이 타결됐지만 합의를 이행하지 않을 경우 조정위원회에 조정을 신청할 수 있다. 조정을 원하지 않거나 조정이 결렬됐을 때, 또는 조정협의가 이루어졌으나 이행하지 않을 경우 노동쟁의 중재위원회에 중재를 신청할 수 있다. 중재 결과에 불복할 경우 본 법의 다른 규정을 제외하고 인민법원에 소송을 제기할 수 있다'고 규정하고 있다. 노동중재는 사실상 노동소송의 전 단계다. 이런 규정을 마련한 이유는 법원의 업무부담을 줄이고, 조정과 화해를 통해 사회적 갈등을

완화하는 한편 집단행동을 막고 분쟁을 더욱 합리적이고 효과적으로 해결하기 위함이다.

2001년 최고인민법원은 〈노동쟁분쟁 사안 심리 적용 법률에 관한 문제 설명〉을 통과시켜 심리 기준을 마련하고 인민법원이 반드시 수리해야 할 사안을 다음과 같이 명확히 규정했다.

1. 노동자와 고용기업의 노동계약 이행 과정에서 발생한 분쟁
2. 노동자와 고용기업간에 서면 노동계약서가 없지만 노동관계가 형성된 후에 발생한 분쟁
3. 노동자가 퇴직 후 사회보험제도에 참여하지 않은 원 고용기업에 양로금, 의료비, 산업재해보험 및 기타 사회보험비 등을 독촉함으로 인해 발생한 분쟁

2003년 중화인민공화국 노동 및 사회보장부는 〈최저임금 규정〉과 〈집단계약규정〉을 통과시켰고, 2004년 3월 1일과 5월 1일부터 각각 시행했다. 이 두 법규는 부처 규정으로 시행 과정에서 나타나는 문제를 해결하기 위해 제정된 것이다.

이 밖에 현재 중국정부는 직원 심신건강 보호와 직업 발전교육 등을 적극적으로 연구하고 있으며 조만간 관련 법률법규를 내놓을 예정이다.

사회가 발전하고 노동자의 법률의식이 높아지면서 중국정부는 노동관련 법률법규의 제정과 운용을 개선하고 있다. 또 노동자의 합법적인 권익 보호와 사회취업 증가를 촉진하는 전방위적인 노동관련 법률체계를 마련할 것이다.

Ⅱ. 외자기업에 대한 건의

팍스콘과 혼다 사건을 통해 집단 노동분쟁이 예전과는 달라졌다는 것을 알 수 있다. 규모가 확대되면서 파급력이 커진 점, 행위가 과격하고 충동적이어서 대응이 어려워졌다는 점, 조직화, 분업화 되고 있다는 점이다. 집단 노동분쟁의 적절한 처리는 기업이미지를 유지하고 정상적인 생산경영을 위한 필수적인 요소가 됐다. 때문에 중국은 외자기업에게 다음과 같이 제안하고 있다.

1. 기업은 고용을 체계화하고 합법적인 노동관계를 맺어야 한다.

〈노동계약법〉 10조는 '노동관계를 맺을 때 반드시 서면 근로계약서를 작성해야 한다'고 규정하고 있다. 기업은 직원 입사 후 국가 관련 규정에 따라 직원과 서면으로 된 근로계약서를 작성해야 한다. 고정 노동계약 만료 후 계약을 연장하지 않은 것을 포함해 제때에 노동계약을 체결하지 않으면 다음과 같은 법률적 불이익을 당한다.

(1) 〈노동계약법〉 82조에 의거, 고용기업이 고용일부터 1개월 이상 1년 미만까지 근로자와 서면으로 근로계약을 체결하지 않을 경우 근로자에게 매월 2배의 임금을 지급해야 한다. 고용기업이 본 법 규정을 위반해 근로자와 '무고정기한(無固定期限)'근로계약을 맺을 경우 무고정기한 근로계약을 체결한 날부터 근로자에게 매월 2배의 임금을 지급해야한다.

(2) 〈노동계약법) 14, 82조에 의거 고용기업이 고용일부터 1년이 초과하도록 근로자와 서면 근로계약을 맺지 않을 경우 고용기업은 11개월의 2배 임금을 지급해야 하며 무고정기한 근로계약을

맺은 것으로 간주한다. 고용기업이 무고정기한 근로계약을 맺지 않았을 경우 무고정기한 근로계약을 맺은 날부터 근로자에게 매월 2배의 임금을 지급해야 한다.

2. 일부 고용기업은 직원을 위한 사회보험료 납입이 기업의 코스트를 증가시킨다고 생각한다. 중국정부는 기존 법률법규를 개선해 법률 규정을 따르지 않고 직원의 사회보험료를 납입하지 않는 기업을 처벌할 것이다. 앞으로 이런 기업들은 득보다 실이 더 많을 것이다.

〈노동계약법〉 81조는 '고용기업이 제공한 근로계약서 원본에 본 법에서 규정한 노동계약 필수조건을 명확히 기재하지 않거나 고용기업이 근로계약서를 근로자에게 주지 않을 경우 노동행정부처는 개정명령을 할 수 있으며 근로자에게 손해를 입혔을 경우 배상책임을 져야 한다'고 규정하고 있다.

또한 38조와 46조는 '고용기업이 직원의 사회보험료를 납입하지 않을 경우 직원은 언제든지 고용기업과 노동계약을 해지할 수 있으며 고용기업에게 경제적인 보상금지급을 요구할 권리가 있다'고 밝히고 있다.

〈노동계약법〉은 또 '고용기업은 국가의 관련 규정에 따라 근로관계를 맺은 비정규직 근로자를 위해서도 산업재해보험료를 납입해야 한다. 비정규직 근로자가 산업재해를 당했을 경우 법에 따라 산업재해보험 혜택을 누릴 수 있다. 양로보험 의료보험 실업보험 출산보험 등은 근로자 본인이 관련 규정에 따라 납입한다. 단 관련 비용은 고용기업이 부담하고 임금과 함께 근로자에게 지급한다'고 명시했다.

3. 시간 외 근무 및 출근확인

고용기업은 근로자와 근로계약을 맺는 동시에 시간 외 근무수당 계산 기준을 마련해야 한다. 또한 출근확인제도를 마련해 노동분쟁 발생 시 증거로 사용한다. 고용기업은 근로자에게 지급하는 임금의 지급 항목과 액수, 실제액수, 지급날짜, 지급주기, 법에 따른 공제항목 및 액수, 수령자 성명 등의 내용을 서면으로 기록할 수 있다. 또한 근로자의 출근상황을 서면으로 기록해 매월 근로자와 대조하고 근로자의 서명을 받아야 한다.

돌발적인 집단노동분쟁의 경우 더욱 예의주시하고 원만하게 해결해야 한다. 노동분쟁, 특히 급여 관련 분쟁은 당사자의 생활에 영향을 미치므로 반드시 제때에 잘 처리해야 한다. 대화를 통한 분쟁해결을 원칙으로 갈등을 원만하게 해결해야 한다.

근로자 권익 보호에 대한 목소리가 높아지고 있는 요즘, 근로분쟁 해결을 위한 절차 및 방법 이해는 필수가 됐다.

노동쟁의처리 관련 법률

노동쟁의 처리체제란 각종 기관에서 노동쟁의를 처리하는 방식이자 노동쟁의 처리과정에서의 지위와 상호관계로 구성된 유기적인 시스템이다. 노동쟁의 처리체제는 노동쟁의가 발생했을 때 어떤 경로를 통해 어떤 기관이 어떤 방식으로 처리하는가에 대해 밝힌 것이다. 중국은 인력자원이 풍부한 나라로 최근 들어 과학기술과 경제가 빠르게 발전하면서 노동력 유동이 더욱 빈번하고 유연해졌다. 인력시장을 효과적으로 관리하고 근로자와 사용자의 합법적인 권익을 보호하기 위해 중국정부는 상응하는 노동 법률법규를 제정했다. 1995년 시행된 〈노동법〉, 2001년 수정 통과된 〈노동조합법〉, 2008년 시행된 〈노동계약법〉과 〈시행조례〉, 2008년 5월 시행된 〈노동쟁의 조정중재법〉 및 최고인민법원이 판결에 사용하도

록 내놓은 〈노동쟁의 안건 심리에 적용하는 법률의 약간 문제에 관한 해석〉 1, 2, 3이 그것이다.

Ⅰ. 중국 노동쟁의 해결체제 현황

현행 법률법규를 보면 중국은 고용기업에서 지방 노동조합과 노동행정관리부처, 다시 지방법원까지 자체해결에서 사법해결까지 다원화된 노동쟁의 해결체제를 구축하고 있으며 협상, 조정, 중재, 소송 등 방식으로 처리할 수 있다. 그 중 중재는 소송의 전 단계이다.

1. 협상

〈노동법〉 77조는 '고용기업과 근로자 간 노동쟁의가 발생할 경우 당사자는 법에 의거 조정, 중재, 소송 제기를 할 수 있고 협상으로도 해결할 수 있다'고 규정하고 있다. 〈노동쟁의 조정중재법〉 4조에는 '노동쟁의가 발생하면 근로자는 고용기업과 협상할 수 있고, 노동조합이나 제3자와 공동으로 고용기업과 협상을 진행해 화해협의에 도달할 수 있다'고 규정돼 있다.

협상은 근로자와 고용기업이 가장 우선적으로 고려하는 방식이다. 다른 방식이 갖추지 못한 편리성을 갖췄기 때문이다. 그러나 현실에서 협상은 쌍방이 주도적으로 스스로 원해야 하는 반면 효과적인 제도적 구속과 법적 효력이 부족하기 때문에 근로자의 요구가 제대로 표현되지 않는 경우가 있다. 때문에 협상절차를 포기하고 직접 조정과 중재를 선택하는 경우가 많다.

2. 조정

2008년 5월 시행된 〈노동쟁의 조정중재법〉은 조정 절차를 전문적으로 상세하게 규정했다. 이 법에 따라 노동쟁의가 발생하면 당사자는 기업노동쟁의 조정위원회, 법에 의거 설립된 일선 인민조정조직, 향(鄕)·진(鎭) 및 거리에 설립된 노동쟁의 조정 기능을 가진 기관에 조정을 신청할 수 있다. 기업노동쟁의 조정위원회는 직원대표와 기업대표로 구성된다. 직원대표는 노동조합원이나 전 직원이 추천한 사람이 맡고, 기업대표는 기업책임자가 지정한다. 기업노동쟁의 조정위원회 주임은 노동조합원이나 쌍방이 추천한 사람이 담당한다. 조정을 통해 협의에 도달하면 조정협의서를 작성해야 한다. 조정협의서는 노사 쌍방 당사자가 서명 또는 날인함으로써 효력이 발생하고 쌍방 당사자에게 구속력이 발생해 당사자는 이를 이행해야 한다.

노동쟁의를 처리하는 중요한 단계인 조정은 주로 중립적인 제3자가 담당한다. 즉 조정위원회 주관으로 민주적인 설득 방법을 통해 분쟁을 해소하고 쟁의를 해결한다. 조정은 근로자와 사용자가 평등한 지위라는 것을 전제로 공정하게 의견을 개진하고 신속하게 쟁의를 해결한다. 〈노동쟁의 조정중재법〉 제정과 시행은 중재나 소송 전에 조정이라는 방식을 통해 노동쟁의를 해결하는 것이 빈번한 노동력 이동과 갈수록 쟁의가 늘고 있는 현 사회 상황에 더 부합한다는 것을 보여준다.

3. 중재

〈노동법〉 79조에는 '노동쟁의 발생 후 당사자는 해당 기업의 노동쟁의 조정위원회에 조정을 신청할 수 있다. 조정에 실패해 당사자 일방이 중재를 요구하면 노동쟁의 중재위원회에 중재를 신청할 수 있다. 당사자 일방 역시 노동쟁의 중재위원회에 직접 중재를 신청할 수 있다. 중재 결정에 불복할 경우 인민법원에 소송을 제기할 수 있다'고 규정돼 있다. 〈노동쟁의 조정중재법〉 15조는 '조정협의를 이뤘으나 당사자 일방이 협의에서 약정한 기한 내에 조정협의를 불이행할 경우 상대 당사자는 법에 의거, 중재를 신청할 수 있다'고 규정했다.

중재는 소송의 전 단계로서 노동쟁의 해결을 위해 행정력과 사법력이 개입, 노동쟁의 중재에 '3자 원칙'을 융합시켜 소송절차와는 별도로 정부·근로자·기업의 공동이익을 구현하고 각 측의 합법적인 권익을 수호한다. 노동쟁의 중재 절차는 법률 규정에 부합

하는 일종의 강제 중재로, 중재위원회는 평등을 전제로 공정하게 판결한다.

4. 소송

인민법원의 심리는 당사자가 노동쟁의를 해결하도록 법률이 부여한 최후의 구제 수단이다. 노동쟁의 일방이 중재기관의 판결에 불복할 경우 인민법원에 소송을 제기할 수 있다. 법원은 우선 조정을 하고 조정이 실패하면 '사실을 근거로, 법률에 따라' 심리와 재판을 진행한다. 이렇게 함으로써 노동쟁의 안건을 공정하고 제때에 해결해 조정과 중재의 부족한 부분을 보충한다.

Ⅱ. 현행 노동쟁의 처리 체제의 문제점

1. 효율적 체제 부재로 노동쟁의가 발생하면 노동자들은 대부분 고용기업과 협상이나 조정을 원하지 않는다. 때문에 많은 노동쟁의 안건이 인민법원으로 몰리고 있다. 안건을 분담하고 인민법원의 부담을 감소시키는 비소송처리체제의 장점이 제대로 발휘되지 못하고 있는 것이다.
2. 안건 수가 너무 많은 이유로 법관은 기존의 방식으로 안건을 처리하기에 급급하다. 노사관계를 일반 민사 법률 관계와 동일시해 갈등발생 원인과 분쟁쌍방이 협상으로 해결할 가능성을 고려하지 않는다. 때문에 소송절차를 통해 노사갈등이 완화되지 않고 법원에서 단순히 이익분쟁만 다루다 보니 노사 간 불신이 커진다.

3. 조정을 주재하는 제3자가 중립을 유지하기 어려워 노동쟁의 조정조직의 조정능력이 약해 근로자의 합법적 권익을 보호하지 못할 뿐 아니라 노동쟁의 해결을 지연시킴으로써 쌍방의 모순이 오히려 악화된다.

Ⅲ. 노동쟁의 처리 체제 완비 규정 시행

2011년 11월 30일 국무원 인력자원및사회보장부는 〈기업노동쟁의 협상조정규정(이하 '협상조정규정')〉을 통과하고 2012년 1월 1일부터 시행키로 했다. 노동쟁의 처리 체제의 제1 방어선인 협상조정은 다수의 노동쟁의 안건을 기업내부로 되돌려 노동쟁의 해결 방식 중심에 큰 변화를 가져왔다. 〈협상조정규정〉 시행은 협상조정의 실현가능성을 키운 동시에 협상조정 결과의 법률적 효력을 보장했다.

〈협상조정규정〉은 총칙, 협상, 조정, 부칙의 4부분으로 나뉘며 다음과 같은 특징이 있다.

1. 쟁의 해결 과정에서 가장 취약한 협상에 주력한다. 〈협상조정규정〉은 노동관계 쌍방의 협상원칙, 방식, 참가인, 기한 및 화해 협의 효력 등에 대해 명확하게 규정했다.
2. 기업노동쟁의 조정위원회 설립을 강화한다. 〈협상조정규정〉은 '대형, 중형 기업은 반드시 법에 의거 노동쟁의 조정위원회를 설립하고, 자회사 지점 공장이 있는 기업은 필요에 따라 해당 기관에 조정위원회를 설립해야 한다'고 명시했다. 본사 조정위원회는 자회사 등 기관의 조정위원회를 통해 쟁의발생을 예방한다. 조

정위원회는 필요에 따라 생산현장, 생산조직, 생산조에 조정팀을 조직할 수 있다.

3. 예방을 우선으로 한 업무체제를 구축한다. 〈협상조정규정〉은 조정위원회의 직무를 노동쟁의 조정, 조정위원 임용, 해임 및 관리 등 기본적인 것 외에 노동보호법률법규 및 정책 홍보 등까지 확대했다. 또한 근로계약, 단체계약, 기업의 노동규정집행 등에 나타난 문제에 참여하고, 근로자의 이익에 관련된 중대한 방안 연구에 참여하도록 해 화해, 조정 협의 이행을 제도적으로 보장했다.
4. 노동쟁의 조정 협의를 위한 중재심사인증제도를 마련한다. 〈협상조정규정〉은 쌍방 당사자가 조정 협의 발효일부터 15일 이내에 공동으로 중재위원회에 중재심사신청을 할 수 있다고 명확하게 규정했다. 중재위원회는 신청을 받은 후 조정 협의를 심사해야 하며 〈노동인사 쟁의 중재 안건 처리 규칙〉 54조에 따라 절차와 내용이 합법적이고 효과적인 조정협의에 대해 조정서를 작성한다.

신(新) 경쟁력 여성, 여성근로자의 권익은 어떻게 보장하고 있을까?

여성노동권익 보호 관련 법률

[사례]

이씨는 2010년 1일 칭다오(靑島)의 모 한국계 제조기업에 입사했다. 얼마 뒤 임신했고 2011년 3월 딸을 출산했다. 출산휴가가 끝난 뒤에도 몸이 회복되지 않아 이씨는 6개월 동안 육아휴직을 했다. 회사는 이씨가 임신·출산·육아기간 동안 제시간에 출근하지 않았다는 이유로 이씨의 기본급을 1급으로 낮춰 지급했다. 이씨는 회사에 해명했지만 인사부는 이씨에 대한 급여조정은 회사규정에 따른 것이라고 했다. 이에 불복한 이씨는 현지 노동분쟁중재위원회에 급여를 다 지급하라며 회사를 상대로 소송을 제기했다. 해당 기업은 '여직원의 임신·출산·육아기간 동안 상황에 따라 급여를 해당 직책의 최저임금에 따라 지급하지만 최저임금보다 낮을 수는 없다'는 회사규정을 증거로 제시했다. 해당 기업은 이씨 등 일선직원에게 성과급을 적용하는데 이씨는 임신·출산·육아기간 동안 업무량이 없었기 때문에 급여를 지급할 필요가 없지만 상황을 고려해 급여수준을 1급으로 낮춘 것이라고 주장했다. 또 이씨는 숙련공으로 해당 직책 중 기본급여 2급에 속해 회사가 급여를 1급으로 낮춘 것은 합리적이고, 이 급여도 현지 최저임금 기준보다 높은 것이라고 주장했다. 노동중재위원회는 〈여성노동자보호 특별규정〉 5조에 따라 '사용자는 여직원의 임신·출산·육아 등을 이유로 급여삭감·해고·노동 또는 고용계약을 해제할 수 없다. 회사는 이씨에게 임신·출산·육아기의 급여차액을 지급하라'고 결정했다.

경제가 발전하고 사회가 진보하면서 복잡한 사회생활에서 여성의 역할이 날로 커지고 있다. 그러나 여성의 생리 구조 및 심리적 특징은 남성과 다르기 때문에 사회적으로 여성에 대한 더 많은 관심이 필요하다. 여성노동권익 보호 수준은 한 사회의 발전 정도를 나타내는 중요한 척도라고 할 수 있다. 여성노동권익을 보호하는 여러 가지 방법 가운데 특히 법률의 역할이 중요하다.

Ⅰ. 여성근로자권익 보호 법률법규 현황

다른 나라와 비교해 중국은 여성의 노동권익 보호 시작에 늦었지만 단기간 동안 많은 발전을 이뤘다. 현재 중국은 여성노동권익을 보호하는 일련의 법률과 관련 규정을 제정, 시행해 오고 있다. 이들 법률법규는 사회에서 여성의 노동권익과 기타 권익을 보호하는 역할을 한다.

〈헌법〉 42-48조는 공민의 노동권과 휴식권에 대해 규정했다. 그중 48조는 '여성은 사회와 가정 등 각 분야에서 남성과 평등한 권리를 가진다'고 명시했다. 또 '국가는 여성의 권리와 이익을 보호하고 남성과 동일노동·동일임금제를 시행한다'고 밝히고 있다.

〈노동법〉 7장에서는 여성노동자 보호를 전문적으로 규정했다. 주요 내용에는 여성노동자 종사금지 노동 종류와 내용, 여성노동자 생리 및 임신 기간 종사할 수 없는 노동 종류와 내용, 출산휴가 기한 및 특별 대우 등이 포함된다.

〈노동계약법〉 42조는 '여성근로자가 임신·출산·수유 기간일 경우 기업은 근로자의 비과실성 계약 해제(非過失解除性勞動合同)를 이유로 여성근로자와의 근로계약을 해제할 수 없다'고 명시하고 있다. 또 기업이 감원해야 할 상황에 처하더라도 임신·출산·수유기에 있는 여성근로자는 감원대상에 포함할 수 없다고 규정했다. 여성근로자와의 근로계약은 임신·출산·수유 등 상황이 종료될 때까지 계속된다.

〈취업촉진법〉 27조는 '국가는 여성과 남성의 평등한 노동권리를 보장한다'고 규정했다. 기업은 직원을 모집할 때 법률상 여성에게 적합하지 않은 노동 종류나 근무지가 아니면 성별을 이유로 여

성고용을 거부하거나 여성고용 기준을 높일 수 없다. 또 기업이 여성근로자를 고용할 때 근로계약서에 여성근로자의 결혼과 출산을 제한하는 규정을 넣어서는 안 된다.

이 밖에 중국의 현행 여성노동권익 보호 관련 주요 법률법규는 다음과 같다.

1. 〈여성노동자 노동보호 규정(女職工勞動保護規定)〉, 〈노동부 여성노동자의 출산대우문제에 관한 통지(勞動部關于女職工生育待遇若干問題的通知)〉 (1988년 노동사회보장부 발표)
2. 〈여성노동자 노동금지범위 규정〉 (1990년 노동사회보장부 발표)
3. 〈여성노동자 보건업무 규정〉 (1993년)
4. 〈중화인민공화국 여성권익 보장법〉 (2005년)

중국정부는 위와 같이 다차원적이고 다원화된 여성노동권익보호 법률체제가 마련했다. 또 원칙적이고 강제성을 띤 규정과 함께 구체적인 시행세칙 등을 마련해 법률운용의 실용성을 강화했다.

Ⅱ. 여성노동권익 보호 법률법규 개선

1988년 발표된 〈여성노동자 노동보호 규정 (이하 '기존 규정')〉은 여성노동권익 보호에 중요한 역할을 했다. 그러나 중국 경제·사회발전의 실제 상황을 고려하고 여성근로자의 건강보호를 위해 중국은 2008년부터 기존 규정 수정에 착수했다.

여러 차례의 연구·논증·수정을 거쳐 현재의 〈여성노동자 노동보호 특별 규정 초안(이하 '초안')〉을 마련했고, 2012년 4월 18일 국무원 상무회의가 이 초안을 심의해 원칙적으로 통과시켰다. 가

까운 시일 내에 시행될 예정이다.

〈기존 규정〉에 비해 〈초안〉은 여성노동권익 보호 강도와 보호 범위를 확대해 운용성을 더욱 강화했다. 개선된 주요 내용은 다음과 같다.

1. 출산휴가 기간 연장

〈기존 규정〉 8조에 따르면 여성근로자의 출산휴가는 90일이다. 〈초안〉 7조에서는 여성근로자가 출산할 경우 14주보다 적지 않은 출산휴가를 갖는다고 규정했다. 즉 98일로 기존보다 8일 많아졌다.

2. 임신기간 업무내용조정 규정

〈기존 규정〉 7조에 따르면 여성근로자의 임신기간 근무량 경감 또는 다른 업무로 배치하기 위해서는 의료기관의 증명서가 있어야 했다. 그러나 〈초안〉 5조에서는 여성근로자와 협의만 거치면 업무를 조정할 수 있고 병원의 관련 증명이 필요하지 않다고 규정했다. 조정의 자주권을 기업과 여성근로자에게 부여함으로써 쌍방의 협상결과를 더 중시한 것이다.

3. 임신 7개월 이상자에 대한 특별 대우

〈기존 규정〉 7조 2항은 '임신 7개월 이상 여성에게 보통 야근을 시켜서는 안 되고 근무시간 내에 일정한 휴식 시간을 줘야 한다'고 밝히고 있다. 〈초안〉 6조에서는 임신 7개월 이상 여성에게 기업은 근무시간을 연장하거나 야근을 시킬 수 없다고 규정했다. 임신한 여성근로자에 대한 보호를 강화한 것이다.

4. 출산휴가기간 급여

〈노동부 여성노동자의 출산대우 문제에 관한 통지〉 1조는 '출산휴가기간 동안 여성근로자의 급여는 원래대로 지급한다'고 규정했었다. 그러나 〈초안〉 8조에서는 기업이 출산보험에 가입했을 경우 출산보험기금이 기업의 전년도 직원 월평균 급여 기준에 따라 여성근로자에게 출산보조금을 지급하도록 규정했다. 출산보험에 가입하지 않은 경우 기업이 여성근로자의 출산 또는 유산 전 급여 기준에 따라 급여를 지급한다고 규정했다.

5. 출산의료비

〈노동부 여성노동자의 출산대우 문제에 관한 통지〉 제2조에 따르면 검사비, 출산비, 수술비, 입원비, 약값은 기업이 부담하고 비용은 기존 의료경비로 지출하도록 했다. 그러나 〈초안〉 제8조에서는 출산보험에 가입한 경우 출산보험기금에서 지출하고, 가입하지 않은 경우 기업이 지출하도록 규정했다.

6. 수유기간

〈기존 규정〉 제7조에 따르면 노동시간 중 2차례, 매회 30분간의 수유시간을 주도록 했다. 다둥이일 경우 수유 아이 수에 따라 매회 수유시간을 30분 늘린다. 수유시간과 회사 내에서 수유를 위해 이동하는 시간은 노동시간에 포함시키도록 했다. 〈초안〉에서는 기업이 매일 근무시간 내에 수유기의 여성근로자에게 1시간 이상의 수유시간을 주도록 규정했다. 다둥이일 경우 아이 수에 따라 매일 1시간의 수유시간을 추가한다.

7. 법적 책임

〈기존 규정〉에서 법적 책임에 관한 규정은 다소 원칙적이어서 실제 적용이 어려웠다. 조례의 실용성을 높이기 위해 〈초안〉은 기업이 본 조례 규정을 위반할 경우 안전생산 관리감독부처, 위생행정부처, 인력자원사회보장 행정부처가 각각의 직책에 따라 기업에 기한을 정해 개선하도록 하고, 〈노동보장 감찰조례〉 관련 규정에 의거 벌금을 부과하거나 직접 책임지는 주관인력과 기타 직접책임자를 법에 의거 처벌할 수 있도록 했다.

업무 맞춤형 근무제가 보편화되면서
특수 근무제에 대한 요구도 높아지고
있다.
대표적인 특수 근무제도에 대해
알아보자.

부정시(不定時)근무제

[사례]

이 모씨는 모 외국계 기업 대표의 운전기사로 입사하면서 회사와 근로계약서를 작성했다. 기사라는 직업의 특수성으로 인해 양측은 부정시근무제에 동의했고 이를 명확하게 약정했다. 그 후 이 모씨는 매일 대표의 출퇴근을 비롯해 밤이나 휴일에도 대표가 일이 있는 경우 근무했다. 이 모씨는 외국계 기업에서 일한 5년간 시간 외 근무수당을 받은 적이 한 번도 없었다. 5년 후 외국계 기업은 이 모씨와의 근로계약을 해지했고 이 모씨는 현지 노동쟁의 중재위원회에 중재를 청구, 이 기업에 5년 동안의 시간 외 근무수당을 지불하라고 요구했다. 외국계 기업은 양측이 근로계약서를 작성할 때 이모씨가 이미 부정시근무제에 동의했으므로 시간 외 근무수당을 지불할 수 없다고 주장했다. 이후 중재위원회는 조사를 통해 이 모씨의 일부 근무시간이 하루 8시간을 초과하고 매주 40시간을 초과하는 상황이 확실히 존재한다는 것을 입증했다. 중재위원회는 이를 바탕으로 해당 기업에 표준 근무시간을 초과한 부분에 대해 이모씨에게 시간 외 근무수당을 지불하라고 판결했다.

최근 중국 노동보장 관련 법률법규가 제정, 정비되고 근로자권익에 대한 사회적 관심이 높아지면서 근로자의 자기보호의식도 강해졌다. 기업에서 관습적으로 행하는 근무 방식 중에는 현행 법률법규에 맞지 않는 부분이 많다. 부정시근무제 역시 그 중 하나로, 기업의 노동인사관리 분야에서 위와 같은 사례가 적지 않다. 여기에서는 기업이 이런 종류의 위험에 주목하고 예방할 수 있도록 부정시근무제와 이에 관련된 법률적 위험을 예방할 수 있는 대책을 소개한다. 기업이 관련 법률법규를 이해하고 노동 인사관리제도를 개선하는 데 도움이 되기를 바란다.

Ⅰ. 부정시근무제

〈노동법〉 37조는 '기업 특성상 근로자의 하루 근무시간 8시간을 초과해서는 안 되며 주당 근무시간 40시간을 초과해서는 안 된다는 근무시간 제도를 시행할 수 없는 경우 노동행정부처의 비준을 거쳐 기타 근무와 휴식 방법을 시행할 수 있다'고 규정하고 있다. 여기서 말하는 '기타 근무와 휴식 방법'은 구체적으로 '부정시근무제(不定時工作制)'와 '근무시간 총량제(綜合計算工時工作制)'를 뜻한다. 부정시근무제는 기업이 생산 및 업무적 특성 등으

로 일정 시간 동안 반드시 연속적 생산이나 근무를 해야 할 경우 집중근무, 집중휴식, 교대휴식, 대체휴식, 탄력적 근무시간 등 방법을 이용해 직원의 휴식, 휴가권을 보장하면서 생산 및 근무책임을 이행하도록 하는 근무시간제도다. 부정시근무제는 표준 근무시간 제도에 의거한 근무제도가 아니라 기업이 합리적으로 규정한 근로자의 작업량 또는 기타 심사 기준에 의거해 근로자의 근무시간과 휴식시간을 정한 것이다.

〈기업의 부정시근무제와 근무시간 총량제에 대한 심사 비준 방법(이하 '방법')〉에 따르면 부정시근무제를 시행할 수 있는 직종은 다음과 같다.

1. 기업의 고위관리직원, 외근직원, 판매직원, 일부 당직직원 및 업무 성격상 표준근무 시간제를 적용할 수 없는 직원
2. 기업의 장거리 운송 직원, 택시기사, 철도·항구·창고의 일부 하역직원 및 특수한 업무성격에 따라 기동성 있는 작업이 요구되는 직원
3. 기타 생산적 특징, 특수한 업무적 수요 혹은 직책 범위로 인해 부정시근무제를 시행하기 적합한 직원

Ⅱ. 부정시근무제 시행의 법률적 문제

법률규정에 따라 부정시근로제는 업종의 특성과 직종의 필요로 인해 정기적인 근무와 휴식을 하는 표준 근무시간제 방식을 엄격히 이행할 경우 기업체와 근로자의 요구를 만족시킬 수 없을 때 시행된다. 그렇다면 법률법규에서 규정한 부정시근무제에 적합한 직

종이라면 이 근무제를 시행할 수 있을까?

1. 부정시근무제는 근로계약서로 약정할 수 있는가?

많은 기업과 근로자가 노동계약서에서 부정시근무제에 대해 약정하고 노동자가 계약서에 서명하면 이 근무방식에 동의한 것을 의미한다. 기업은 이때부터 부정 근무제에 대한 약정이 완성되고 법률적 효력이 생긴다고 생각한다. 그러나 〈방법〉에 따르면 중앙직속기업이 부정시근무제와 근무시간 총량제 등 기타 근무와 휴식 방법을 시행하려면 국무원 업종관리부처의 심의를 거쳐 국무원 노동행정부처의 비준을 얻어야 한다. 지방기업이 부정시근무제와 근무시간 총량제 등 기타 근무와 휴식 방법을 시행하려면 각 성, 자치구, 직할시 인민정부 노동행정부처가 제정하고 국무원 노동행정부처에 보고해 기록으로 남겨야 한다. 즉 부정시근무제는 노동보장부처의 심사와 비준을 거쳐야만 시행할 수 있다.

기업은 근로자와의 약정에만 의거해 부정시근무제를 시행할 수 없다. 이는 근로자의 합법적인 권익 보호에 기초한 것이다. 심사와 비준 동의를 거치지 않은 부정시근무제 약정은 무효로 간주되며 앞에서 언급한 사례가 바로 그런 경우에 속한다. 이 밖에 노동보장부처는 종종 부정시근무제 심사, 비준 시 기업노조 또는 일정수의 직원대표와의 의견 통일을 요구한다. 노동부처는 심의 시 기업노조 또는 직원대표의 의견도 듣고 일정수의 직원대표를 선발해 수시로 좌담회를 연다.

2. 부정시근무제는 시간 외 근무수당을 지불해야 하는가?

〈방법〉에 따르면 부정시근무제는 생산적 특성, 특수한 업무적 수요 또는 직책 범위로 인해 근무일의 출퇴근 시간에 정해진 제한이 없는 근로자를 위한 것이다. 그러므로 비준을 거쳐 부정시근무제를 적용 받는 직원은 〈노동법〉 41조 규정의 일일 연장 근무시간 기준과 월 연장 근무시간 기준의 제한을 받지 않는다. 그렇지만 기업은 여전히 탄력 근무시간 등 적합한 근무, 휴식 방식을 통해 직원의 휴식, 휴가권을 보장하고 직원이 생산, 근무 책임을 다할 수 있도록 해야 한다. 부정시근무제를 적용 받는 직원은 원칙적으로 시간 외 근무수당 규정을 적용 받지 않는다. 법정휴일 근무에 대한 시간 외 근무수당 지불 여부는 현재 이론과 현실 사이의 논쟁이 존재한다. 지방마다 이를 다르게 규정하고 있으며 법원 역시 종종 〈노동법〉 40조에 근거해 기업이 시간 외 근무수당을 지불해야 한다고 판결하고 있다.

Ⅲ. 법률적 위험 예방 노력

부정시근무제로 인한 법률적 위험은 노동보장법률 위험에 속한다. 따라서 이런 종류의 위험을 예방하기 위해서는 기업이 내부 인력자원관리를 강화하는 것이 중요하다.

1. 근무시간 제도에 대한 합리적 선택

중국의 관련 법률법규에 따르면 현재 기업들은 대부분 표준 근무시간제(매일 8시간 근무, 매주 40시간 근무), 근무시간 총량제,

부정시근무제 등 3가지 종류의 근무제도를 채택하고 있다. 근무시간 총량제와 부정시근무제 모두 적용 범위가 명확하다. 기업은 자신의 실제 상황에 근거해 적합한 근무제도를 정해야 노동분쟁을 피할 수 있다. 특히 비(非)표준 근무제도를 적용할 때는 반드시 관련 부처에 보고하고 보고한 상황에 변화가 생길 경우 다시 보고해야 한다.

2. 내부제도 속 규정, 노동계약서 속 약정

부정시근무제 시행을 신청하고 비준을 얻었다고 부정시근무제 관계가 바로 성립되는 것은 아니다. 기업은 직원과 근로계약서를 체결하고 또한 부정시근무의 근무시간 계산법을 명확히 약정해야 한다. 그렇지 않으면 표준 근무시간제에 따라 직원의 근무, 휴식, 임금을 계산하게 된다. 기업이 비준을 거쳐 부정시근무제를 시행하고 직원과 근로계약서 상에 명확히 약정했을 때에만 시간 외 근무수당이 발생하지 않는다.

이 밖에 회사의 직원채용, 고용제도를 더욱 명확히 하고 기업의 법률적 위험을 줄이기 위해 기업은 직원매뉴얼과 고용제도 등 관련 문건에 기업 내 직종과 직책에 따른 근무제도를 규정할 것을 제안한다. 이는 기업의 직원관리를 규범화할 뿐 아니라 직원이 관련 정보를 이해하는 데 유리하다.

3. 근로자의 합법적이고 합리적인 휴식권 보장

기업의 입장에서 부정시근무제의 가장 큰 매력은 일반적인 상황에서 시간 외 근무수당을 지급할 필요가 없다는 것이다. 그러나 시간 외 근무수당을 지급할 필요가 없다는 것은 절대적인 것이 아니다. 법정공휴일에 부정시근무제 적용을 받는 직원에게 시간 외 근무를 요구하면 마찬가지로 시간 외 근무수당을 지급해야 한다. 이 밖에 근로자의 권익에 대한 사회적 관심이 높아지면서 부정시근무제 근로자의 합법적인 휴식, 휴가권이 더욱 주목을 받고 있다. 또한 중국 〈노동법〉은 근로자의 휴식권을 명확하게 규정하고 있기 때문에 수속 및 제도개선과 합리적인 고용이 필요하다. 기업이 인성화된 관리로 직원의 회사에 대한 소속감을 높여야 개선된 인력자원 관리 제도를 직원이 자발적으로 준수하게 된다.

기술력 경쟁시대, 자본화 가능한
기술의 범위와 절차에 대한 이해는
이제 필수다.

외자기업 기술자본화 관련 법률

[사례]

2010년 1월 갑(한국), 을(중국), 병(중국)은 베이징에 모 과학기술유한공사를 설립하기로 합의했다. 갑은 자신이 보유한 '음용수 처리설비' 독점기술을 출자해 등록자본의 20%를 갖기로 하고, 을과 병은 각각 인민폐 500만 위안을 출자해 등록자본의 40%씩을 갖기로 했다. 아울러 을과 병은 협의 체결 후 10일 안에 갑에게 주식보상금 50만 위안을 각각 지불하고, 회사 등록·설립 후 10일 안에 다시 갑에게 주식보상 잔금 10만 위안을 각각 지불하며 연체 시 5만 위안의 위약금을 부담하기로 했다. 협의 체결 후 갑은 보유한 기술로 사전준비 작업을 해서 회사가 생산능력을 갖추도록 했고,

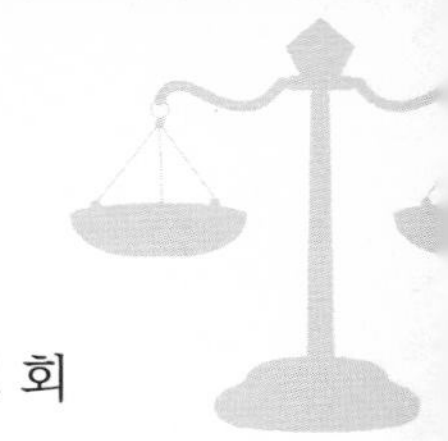

을과 병은 갑에게 각각 50만 위안을 주식 보상금으로 지불하고 회사 설립 준비 작업과 등록 절차를 책임졌다. 2010년 3월 이 과학기술유한공사가 설립됐다.

등록자금 1,600만 위안은 을과 병이 주주로서 각각 800만 위안씩 출자한 것이다. 갑은 이 과학기술유한공사의 주주로 등록되지 않았고, 을과 병은 갑에게 주식보상금 잔금을 지불하지 않았다. 때문에 갑은 을과 병을 상대로 법원에 기소했다. 갑은 소송에서 을과 병이 주식보상금 잔금과 위약금을 지불하고, 이 과학기술유한공사의 주주신분과 주주권리를 확인하며, 두 피고에게 그들이 알고 있는 원고의 '음용수 처리설비' 독점기술의 비밀유지 의무를 지킬 것을 요구했다.

이 안건은 심리 과정에서 갑, 을, 병이 화해 협의의 방식으로 마무리됐다. 을과 병은 갑에게 주식 보상금 잔금 8만 위안을 각각 지불하고, 해당 과학기술유한공사는 갑이 보유한 기술을 사용하지 않고, 알고 있는 독점기술 관련 정보를 누설하지 않겠다고 약속했다.

〈중국기업법〉 및 〈외자기업법〉은 모두 외자기업이 중국에서 기술방식으로 투자하는 것에 대해 상응하는 규정을 명시했다. 중국에 있는 외자기업의 기술자본화에 법률적 근거를 제공한 것이다. 그러나 입법 당시 상황이 각각 다르고 〈외자기업법〉 규정이 완벽하지 않아 외자기업에 관련 법률법규를 적용할 때 문제가 나타났다. 향후 중국 투자환경이 개선되고 법제화 개혁이 한층 심화하면서 관련 입법이 계속 개선돼 해외 선진기술 도입과 투자확대가 편리해질 것이다.

Ⅰ. 외자기업이 자본화할 수 있는 기술의 범위

중국의 〈회사법〉과 〈외자기업법〉은 중외합자경영기업, 중외합작경영기업, 외자독자기업에 관계 없이 기술을 가격으로 환산해 출자할 수 있다고 규정했다. 그러나 관련 분야의 법률 법규가 규정한 출자 '기술'에 대한 범위는 조금씩 다르다.

1. 〈중외합자경영기업〉

5조에는 '합명기업 각 측은 현금, 실물, 산업재산권 등으로 투자할 수 있다'고 명시돼 있다. 〈중외합자기업법 시행세칙〉 22조에는 '합자경영자는 화폐로 출자할 수 있고, 건축물, 공장, 기계 설비 또는 기타 자재, 산업재산권, 독점기술, 토지사용권 등을 현금가치로 환산해 출자할 수 있다'고 규정했다.

2. 〈중외합작경영기업〉

〈중외합작경영기업법〉 8조는 '중외합작자의 투자나 제공하는 합작조건은 현금, 실물, 토지사용권, 산업재산권, 비특허기술과 기타 재산권리일 수 있다'고 밝히고 있다. 〈중외합작기업법 시행세칙〉 18조에는 '합작 각 측이 합작기업에 투자 또는 제공하는 합작조건은 화폐, 실물 또는 산업재산권, 독점기술, 토지사용권 등 재산 권리도 가능하다'고 명시돼 있다.

3. 〈외자기업법〉

〈외자기업법〉에는 해당 내용에 관한 명확한 기술이 없다. 그러

나 〈외자기업법 시행세칙〉 25조에는 '외국투자자는 자유롭게 교환되는 외국통화로 출자할 수 있고, 기계설비, 산업재산권, 독점기술 등을 가격으로 환산해 출자할 수 있다'고 명시하고 있다.

이상 법률법규를 보면 자본화할 수 있는 기술에는 3가지 종류가 있다는 것을 알 수 있다. 즉 산업재산권, 독점기술, 비특허기술이다. 일반적으로 산업재산권이란 특허와 상표를 말한다. 특허는 구체적으로 특허, 실용신안, 의장권으로 나뉜다. 독점기술은 기밀로 대중에게 알려지지 않은 기술을 말한다. 비특허기술은 특허기술 외에 보유한 기술로 독점기술과 대중에게 알려지지 않은 일반기술은 물론 컴퓨터 소프트웨어 기술 등 알려져 있는 기술도 포함된다.

이 밖에 중국의 외국선진기술도입 입법목표와 기술발전의 실제 수요에 따라 자본화할 수 있는 기술은 다음 조건에 부합해야 한다.

1. 해외 선진 과학기술이나 선진적이고 과학적인 관리방법으로 중국의 기술발전에 유익하거나 관련 산업의 생산 효율을 향상시킬 수 있어야 한다.
2. 중국에서 효과적으로 이용할 수 있고, 기존 기술을 바탕으로 기술혁신을 할 수 있는 생명력을 지닌 신기술이어야 한다.
3. 생산력이나 핵심 경쟁력으로 전환해 경제수익을 향상시킬 수 있어야 한다.
4. 중국 기술인력의 연구개발능력이나 관리인력의 관리능력을 향상시킬 수 있어야 한다.

때문에 중국은 외자기업설립 심사비준 시 자본화할 수 있는 기술을 엄격하게 심사한다. 가격으로 환산해 출자할 수 있는 기술은 중국의 외자도입수요를 반드시 만족시켜야 한다.

Ⅱ. 전체 출자액 중 기술출자비율에 관한 규정

〈외자기업법〉에서 전체 출자 중 기술출자비율에 관한 문제는 〈외자기업법 시행세칙〉에만 관련 규정이 있다. 시행세칙 27조 2항은 '산업재산권, 독점기술의 가격 환산은 국제적으로 통용되는 가격환산원칙과 일치해야 하며 환산가는 외자기업 등록자본의 20%를 초과하지 못한다'고 밝히고 있다. 〈중외합자경영기업법〉과 〈중외합작경영기업법〉에는 관련 내용에 대한 규정이 없다.

상기 〈외자기업법 시행세칙〉 규정 외에 관련 부처 및 위원회도 기술출자비율에 대한 규정을 마련했다. 이 규정은 외자기업 전용으로 마련된 것은 아니지만 외자기업의 기술출자비율에 참고적인 의미는 있다. 규정은 다음과 같다.

1. 〈첨단기술 성과 주식출자 약간 문제에 관한 규정(關于以高新技術成果出資入股若干問題的規定)〉(1997년 7월 중국 국가과학기술위원회 발표)

이 규정 3조는 '첨단기술성과로 주식출자 시 가격환산총액은 기업등록 자본의 20%를 초과할 수 있지만 35%는 초과할 수 없다'고 명시하고 있다.

2. 〈과학기술 성과전환촉진에 관한 문제에 관한 약간 규정(關于促進科技成果轉化的若干規定)〉(1999년 3월 중국 과학기술부 등 공동발표)

이 규정에는 '첨단기술 성과로 유한책임공사나 비회사제 기업에 주식출자할 때 첨단기술 성과의 가격환산금액은 회사나 기업등록 자본의 35%에까지 달할 수 있다. 기타 약정은 제외된다'고 명시돼 있다.

지방정부 입법부도 이와 상응하는 조정을 했다. 1998년 선전(深圳)시 정부가 발표한 〈선전경제특구 기술 성과 주식출자 관리 방법(深圳經濟特區技術成果入股管理辦法)〉'과 1999년 베이징시 정부가 발표한 '베이징시 첨단기술산업 발전심화에 관한 약간 정책(北京市關于進一步促進高新技術產業發展的若干政策)〉' 등 지방정부의 입법은 모두 첨단기술 성과를 가격으로 환산해 출자할 때 그 금액이 회사 또는 기업등록 자본의 20%를 초과할 수 있지만 35%를 초과할 수 없다고 규정하고 있다. 이로써 중국의 법률법규 및 규정은 대부분 기술 성과의 주식출자비율을 기업등록자본의 20%는 초과할 수 있지만 35%는 초과할 수 없는 것으로 규정한 것을 알 수 있다.

그러나 이 같은 법률법규의 제정 또는 시행 시기는 모두 2005년 〈회사법〉 수정안이 발효되기 이전이다. 2005년 〈회사법〉 수정 시 기술자본화 비율 규정을 전부 없애면서 27조 3항에 '전체 주주의 화폐출자금액은 유한책임공사 등록 자본의 30%보다 낮아서는 안 된다'고 규정했다. 등록자본 중 무형자산 비율이 최고 70%까지 차지할 수 있다는 것을 뜻한다. 이는 기업기술자본화 비율 규정에 대한 중국입법의 중대한 변화이다.

중국이 합명기업과 외자직접투자를 허락한 주요 목적은 해외의 선진기술과 선진관리 경험을 도입하기 위해서다. 따라서 향후 〈외자기업법〉 수정 시 등록자본 중 기술 출자 비율은 점차 확대될 것이다. 현행 〈회사법〉이 이 같은 정책 방침의 풍향계다.

공정한 경쟁환경 조성을 위해
기업간 담합에 대한 관리가 강화되고
있다.

가격독점 및 담합 규제 관련 법률

[사례]

2007년 7월 중국 인스턴트 라면업계의 선두기업들은 캉스푸(康師傅), 퉁이(統一), 진마이랑(今麥郞) 등 10개 유명기업이 생산하는 중저가 인스턴트 라면 가격을 전부 인상하는 데 합의했다. 0.5~0.6위안 제품은 0.7~0.8위안으로 올리고 1위안 제품은 1.2위안으로 인상했다. 인상폭은 가장 크게는 40%였다. 7월 28일 월마트 베이징 지역 매장은 캉스푸, 퉁이 등 인스턴트 라면 업체로부터 그달 31일부터 가격을 10% 인상하겠다는 통보를 받았다.

캉스푸, 퉁이 등 10여 개 유명기업이 이번 가격인상에 참여했다. 이는 시장의 상당부분을 차지하는 인스턴트 라면 가격이 자유경쟁으로 자연스럽게 형성된 것이 아니라 통일된 '가격 연맹' 내에서 담합했다는 것을 뜻한다.

당시는 〈반독점법(反壟斷法)〉 시행 전이었기 때문에 〈가격법〉에 따라 처리할 수밖에 없었다. 〈가격법〉 14조는 '경영인은 상호결탁으로 시장가격을 조종해 다른 경영인이나 소비자의 합법적인 권익을 침해할 수 없다'고 규정했다. 경영인이 상술한 행위를 했을 경우 법원은 개정을 명하고 위법행위로 얻은 소득을 몰수하며 위법행위로 얻은 수익의 5배 이하의 벌금을 징수할 수 있다. 상황이 심각할 경우 폐업처리하거나 공상행정관리기관이 사업자등록을 취소할 수 있다. 2008년 8월 1일 〈반독점법〉이 시행된 후 기업 간 가격담합행위를 처리하는 데 법적 근거가 생겼고 시장질서를 수립하는 데 한층 유리해졌다.

중국 국가발전및개혁위원회(이하 '발개위')는 2009년 8월 12일 〈반(反)가격독점 규정 의견수렴안〉을 발표, 사회 각계에 의견을 구했다. 2009년 9월 6일까지 사회 각계와 전문가, 학자들로부터 의견수렴 후 2010년 12월 29일 경쟁관계의 경영인이 고정 또는 가격 변경의 가격 독점협의 8종을 금지하는 내용의 〈반가격독점 규정〉을 발표하고 2011년 2월 1일부터 시행에 들어갔다.

2008년 8월 1일부로 실시된 〈반독점법〉은 〈물권법(物權法)〉과 〈노동계약법〉에 이어 세 번째로 세계적인 관심을 집중시킨 법률이다. 국무원은 이틀 뒤인 8월 3일에 〈사업자집중 신고기준에 관한 규정〉을 발표했다. 국가공상행정관리총국도 〈반독점법〉을 엄격하게 시행하기 위해 2009년 7월 1일에 〈독점협의, 시장지배적 지위 남용사건 조사에 관한 절차 규정〉 및 〈행정권리를 남용한 경쟁 배제, 제한행위 제지에 관한 절차규정〉을 발표했다. 일련의 입법조치는

시장수요에 박자를 맞춘 것도 있지만 부당경쟁과 시장독점 규제강도를 높이겠다는 중국정부의 굳은 의지를 반영하고 있다.

I. 개요

새로 발표한 〈반가격독점 규정 초안 (이하 '초안')〉은 가격독점행위를 막자는 데 역점을 두고 있다. 〈초안〉 3조는 '가격독점행위는 가격독점 협의, 시장지배적 지위를 남용한 가격독점행위 등을 포함한다'고 규정했다. 4조에서는 '가격독점협의에 대해 둘 이상의 사업자가 가격 면에서 경쟁을 배척, 제한하기로 서면 혹은 구두 형식의 협의, 결정을 달성하거나 혹은 기타 담합행위를 한 경우'라고 정의했다. 11조는 시장지배적 지위를 남용한 가격독점행위 범위를 다음과 같이 정했다.

1. 불공정하게 높은 가격으로 상품판매 혹은 불공정한 저가로 상품을 구매하는 행위
2. 정당한 이유 없이 원가 이하의 가격으로 상품을 판매하는 행위
3. 정당한 이유 없이 지나친 고가 혹은 저가를 제시해 거래 상대자와의 거래를 거부하는 행위
4. 정당한 이유 없이 조건이 대등한 거래 상대자에 대해 거래가격 등 거래조건에 차별대우하는 행위
5. 국무원 가격주관부처가 시장지배적 지위 남용행위로 인정한 기타 행위 〈초안〉은 '시장지배적 지위'에 대해 '사업자가 상품의 가격 수량 혹은 기타 거래조건을 통제하거나 기타 사업자의 관련 시장진입을 방해, 영향을 줄 수 있는 시장지위를 가리킨다'고

정의했다.

〈초안〉은 관련 법률개념을 나열해 상세하게 해석한 것이 특징이다. 〈규정〉은 구체적인 시행에 있어 지도적 역할과 실천이 가능하도록 기능을 부여한 것으로 풀이된다. 예를 들어 '수평적 독점협의', '수직적 독점 협의', '불공정 고가', '불공정 저가' 등 개념에 대해서도 상세하게 나열했다.

Ⅱ. 가격독점

2007년 팜 오일, 밀가루 등 원자재가격 상승에 따라 기업원가도 증가했다. 이에 캉스푸(康師傅), 퉁이(統一) 등 중국의 대표적인 라면 생산기업들은 일률적으로 라면 가격을 인상하는 데 합의했다. 이것이 바로 유명한 '라면가격 집단인상사건'이다. 이 사건으로 인해 시장에서는 한동안 라면 사재기 현상이 벌어지기도 했다. 소비자들의 불만이 이어지자 발개위는 조사에 착수했다. 조사 이후 발개위는 '라면협회가 라면회사들과 담합해 가격을 인상한 행위는 시장가격을 조종한 행위로 시장의 가격질서를 교란했다'고 판정했다. 발개위는 이에 관련 협회와 기업이 라면가격 인상결정을 철회하고 사태를 진정시킬 것을 명령하고 엄중한 처벌을 내렸다.

그러나 2007년은 중국에서 〈반독점법〉이 시행되기 전이었다. 따라서 라면회사들의 가격인상행위가 불법이라는 법적 근거를 찾을 수 없었기에 협상, 행정적 간섭을 통해 이들의 담합을 해체하는 정도로 그쳤다. 그러나 지금은 〈반독점법〉과 함께 정확하고 효과적인 세칙도 등장했다. 이에 따라 가격독점 여부를 과학적으로 판단

하고 효과적인 규제조치를 취할 수 있게 된 동시에 집행기관들도 문제와 관련된 법적 근거를 갖게 되었다. 아울러 건강한 시장질서 구축에도 유리하다.

Ⅲ. 시장지배적 지위를 남용한 가격독점

〈반독점법〉 및 세칙은 대기업이 중소기업을 배척하는 부당경쟁에 대해서도 일정 수준의 규제를 마련했다. 최근 몇 년간 많은 산업분야에서 대기업의 유명브랜드가 저가경쟁 등 방식으로 경쟁업체를 배척하거나 신규업체의 시장진입 방해, 기존 시장참여자를 시장 밖으로 내모는 등 횡포를 부리고 있다. 예를 들면 규모 면에서 우위를 차지하는 슈퍼마켓 체인업체가 납품업체와 불공정한 거래로 제품가격을 조종해 중소기업을 배척하고 상품 공급채널을 장악하는 행위 등이다.

〈반독점법〉은 시장지배적 지위를 남용한 가격독점행위를 규제하는 것이다. 새로 발표한 반 가격 독점규정은 시장지배적 지위가 인정, 추정되는 상황에 대해 특별히 열거했다. 〈초안〉 18조는 사업자의 시장지배적 지위를 판단하는 근거로 다음과 같이 밝히고 있다.

1. 사업자의 관련 시장점유율 및 시장경쟁현황
2. 사업자가 판매시장 혹은 원자재 구매시장을 통제하는 능력
3. 사업자의 경제력과 기술조건
4. 거래과정에 기타 사업자가 해당 사업자에 의존하는 정도
5. 기타 사업자의 관련 시장진출 난이도 및 사업자의 시장진입에 영향을 주는 요소

6. 사업자의 시장지배적 지위 판단과 관련된 기타 요소 등을 근거로 제시했다.

〈초안〉은 또 '시장지배적지위 추정'에 대해서는 〈반독점법〉 19조에 따라 집행한다고 명시했다. 〈초안〉 20조는 '시장지배적 지위에 있다고 추정되는 사업자는 아래와 같은 것이 증명되면 시장지배적 지위를 가지고 있지 않는다고 인정된다'고 규정했다.

1. 기타 사업자가 관련 시장에 비교적 쉽게 진입할 수 있는 경우
2. 관련 시장에서 비교적 충분한 경쟁이 이루어지고 있는 경우
3. 〈초안〉 18조에 근거해 사업자가 상품가격 수량 혹은 기타 거래조건을 통제하거나 기타 사업자의 관련 시장진입을 방해해 영향을 줄 수 있는 능력이 없는 경우 등이다.

중국사회의 관심분야인 에너지, 행정독점 등과 관련된 규정도 〈초안〉에 일부 언급돼 있다. 중국정부의 '조화로운 사회 시장경제 구축' 의지를 엿볼 수 있는 대목이다. 관련 정책 및 법규가 점진적으로 보완됨에 따라 중국 사회경제도 양호한 발전 궤도에 진입할 것이다.

중국에 진출하는 외자기업이 늘어나면서 설립 조건, 유형, 청산 등 외국인 기업에 적용하는 법률도 다양해지고 있다.

외자기업 관련 법률 이해

중국은 2006년 1월 1일부터 새로운 〈회사법〉을 실시했다. 그해 5월 27일 중국최고인민법원은 〈회사법〉에 대한 사법해석을 마련하고 〈회사법〉의 지침서로 삼았다. 법 적용 시 나타나는 일련의 문제들을 해결하기 위해 최고인민법원은 또 2008년에 〈회사법〉 해석 2를 내놓았다. 현재는 〈회사법〉 사법해석3과 사법해석4를 마련 중이다. 이를 통해 중국에서 경영행위를 하는 기업들이 점차 규범화될 것이다.

〈회사법〉 218조는 '외상(外商)투자 유한책임회사와 주식유한회사는 본 법을 적용하고 외상투자에 관련한 기타 규정이 있는 부분은 그 규정을 적용한다'고 밝히고 있다. 중국에는 〈회사법〉 외에도 〈중외합자경영기업법〉, 〈중외합작경영기업법〉, 〈외자기업법〉이 있고 각각의 시행조례도 있다.

그렇다면 실제로 외자기업은 각각 어떤 상황에서 〈회사법〉과 〈외자기업법〉을 적용해야 할까? 외자기업들의 위 같은 의문, 즉 상황에 따라 어떠한 법을 적절하게 적용해야 하는지에 대해 아래에서 간략하게 소개하고자 한다.

지난 2006년 4월 24일 중국 국가공상행정관리국을 비롯해 상무부, 해관총서와 국가외환관리국 등 4개 국가기관은 공동으로 〈외상투자회사 심사기록관리 법률 적용 문제에 관한 집행의견(이하 '의견')〉을 발표했다. 〈의견〉은 외상투자관리에 관한 현행 법률과 행정법규, 정책에서 외상투자기업에 대해 〈회사법〉을 적용할 경우 유의해야 할 점들에 대해 다음과 같이 설명하고 있다.

Ⅰ. 중국 주주의 자격

〈중외합자경영기업법〉과 〈중외합작경영기업법〉은 중외합자기업이나 중외합작기업을 설립할 경우 외국의 주주 또는 그 발기인은 외국회사·기업, 기타 경제조직 또는 개인이 될 수 있다고 규정하고 있다. 하지만 중국 측의 주주 또는 발기인은 '중화인민공화국의 기업 또는 기타 경제조직'만이 할 수 있다. 중국 국적의 개인은 직접 주주신분으로 외국투자자와 함께 중외합자기업이나 중외합작기업을 설립할 수 없다는 내용이다. 개인이 외국투자자와 공동으로 회사를 설립하려면 그 전에 기업(회사, 개인합작이나 개인독자기업 등)을 등록하고 그 기업의 명의로 외상과 합자회사를 공동 설립해야 한다.

Ⅱ. 외상의 신분 증명

외상투자의 진실성과 합법성을 위해 〈의견〉 5조는 '외자회사를 신청하여 설립할 경우 외국투자자의 주체자격증명 또는 신분증명은 소속국가의 공증을 거쳐야 하며 그 나라에 주재하고 있는 중국 영사관의 인증을 받아야 한다. 홍콩·마카오·타이완 투자자는 법률에 따라 현지 공증기관의 공증 문건을 제출해야 한다'고 명시하고 있다.

공증이란 공증기관이 당사자의 신청에 따라 법률행위, 법적 의미를 갖는 문서와 법률 사실의 진실성과 합법성을 법에 의거 증명하는 것이다. 인증은 공증에 대해 하는 말이다. 영사인증은 한 나라의 외교, 영사 및 위탁기관이 대외문서상의 공증기관, 인증기관의 마지막 사인이나 날인이 사실임을 확인한 것이다. 국제관례에 따르면 대외 공증문서는 보통 영사인증을 받는다.

외자회사 설립신청 및 등록 시에는 〈회사기록 관리조례〉 20조와 21조에서 지정한 서류 외에 외국투자자와 중국 내 법률서류전달자가 체결한 '법률서류 전달위탁서'도 제출해야 한다. 그 위탁서에는 중국 내의 대리인에게 법률서류 전달의 권한을 부여한다는 내용이 명확하게 적혀 있어야 한다. 외국투자기업의 외국투자자는 〈회사법〉을 따르는 동시에 〈외자기업법〉도 따라야 한다는 뜻이다. 그 주체자격에 대한 요구가 한층 더 까다로워졌다.

Ⅲ. 사전심사에 필요한 서류

중국은 외자기업 설립 전의 심사절차를 제정했다. 〈중외합자경영기업법〉 3조, 〈중외합작경영기업법〉 5조와 〈외자기업법〉 6조에 따르면 외자기업 설립신청서류와 합작경영 당사자들이 체결한 협의, 계약, 정관 등은 모두 국무원 대외경제무역 주관부처 또는 국무원에서 권한을 수여한 기관에서 심사하고 허가를 받아야 한다. 중외합자, 중외합작, 외상독자형식으로 회사를 설립할 경우 허가서류를 받은 날부터 30일 내에 회사등기 기관에 설립등기해야 한다. 기한 내에 설립등기하지 않은 자는 심사허가기관에 허가서류 원본의 효력을 재신청하거나 재허가를 받아야 한다.

Ⅳ. 회사 등록자본

〈중외합자경영기업법〉에 따르면 중외합자경영기업의 등록자본 중 외국경영자의 투자비율은 일반적으로 25% 이상이어야 하며 주주의 실물 설비나 산업재산권 등 비화폐재산투자 가격에 대해서는 합작경영자들이 평가·의논하여 결정한다.

또 중국법인자격을 얻은 합작기업에서 외국 측의 투자는 일반적으로 합작기업 등록자본의 25% 이상이어야 한다. 합작기업 각 측의 투자 또는 합작조건은 화폐 외 실물이나 산업재산권, 전문기술, 토지사용권 등 재산권리도 가능하다. 외상투자기업의 등록자본은 위안화로 표시할 수도 있고 자유환전이 가능한 기타 외국화폐로 표시할 수도 있다. 회사등록자본 중 외국화폐와 위안화, 또는 외국화폐 사이의 환율은 당일 중국인민은행에서 공시한 환율의 중간가격으로 계산한다. 만약 합작경영자의 등록자본을 양도할 경우 반드시 합작 각 측의 동의를 거쳐야 한다.

Ⅴ. 회사 등록유형

〈의견〉 6조는 '회사등록기관은 신청에 따라 유형별로 유한책임회사 또는 주식유한회사로 구분해 등록한다. 설립형식에 따라 유한책임회사의 경우, ****회사 뒤에 중외합자, 중외합작, 외상합자, 외국법인독자, 외국비법인경제조직독자(獨資), 외국인독자, 타이완·홍콩·마카오와 외국투자자 합자, 타이완·홍콩·마카오와 대륙 투자사 합자, 타이완·홍콩·마카오와 대륙 투자사 합작, 타이완·홍콩·마카오 투자자 합자, 타이완·홍콩·마카오 법인 독자, 타이완·홍콩·마카오 비법인 경제단체독자, 타이완·홍콩·마카오 투자자독자라는 추가 표기를 해야 한다. '주식유한회사'의 경우, ****회사 뒤에 괄호를 이용해 (중외합자, 비상장), (중외합자, 상장), (외상합자, 비상장) (외상합자 상장), (타이완·홍콩·마카오와 외국 투자자 합자, 비상장), (타이완·홍콩·마카오와 외국 투자자 합작, 상장), (타이완·홍콩·마카오와 대륙투자사 합작, 상장), (타이완·홍콩·마카오와 대륙 투자사 합작, 비상장), (타이완·홍콩·마카오 합작, 비상장), (타이완·홍콩·마카오 합자, 상장)이라고 추가 표기한다'고 명시하고 있다.

Ⅵ. 회사 내부기구

중외합자경영기업과 중외합작경영기업은 모두 주주총회를 두지 않으며 이사회에서 회사의 중대한 사항을 결정한다. 이사회는 각 측에서 각자 위임·파견하거나 대체한 인원으로 구성하며 일방이 이사장을 맡을 경우 다른 일방이 부(副)이사장을 맡는다. 중외합작경영회사는 이사회를 설립하지 않고 연합관리기구에서 회사의 중대한 사항을 결정할 수 있다.

Ⅶ. 회사의 청산절차

외상투자기업이 해산할 때 〈회사법〉의 규정에 따라 기한 내에 청산팀을 구성해 청산하지 못했고, 채권자도 인민법원에 청산팀을 구성해 청산할 것을 신청하지 않았다면 외상투자기업의 권력기구, 주주와 채권인은 〈외상투자기업 청산방법〉의 규정에 따라 심사기관에 특별청산을 신청할 수 있다. 외상투자기업 해산 시 제출하는 청산보고에는 세무기관의 말소증명, 해관의 지급결산증명 또는 미지급결산증명도 함께 제출해야 한다.

외상투자기업의 주주나 발기인이 출자화폐 또는 출자재산을 지불하지 않거나 기한 내에 지불하지 않았을 경우 회사등록기관은 〈회사등록자본 등기관리규정〉의 유관 원칙에 따라 처벌한다. 외국인이 투자한 회사가 심사 비준한 경영범위를 벗어나 함부로 〈외국인 투자산업 지도목록〉에서 제한하거나 금지한 분야에서 경영활동을 했을 경우 '비(非)허가 경영'으로 간주해 회사등록기관은 〈무면허경영 조사·처리·단속 방법〉에 따라 처벌한다. 그 행위가 범죄를 성립할 경우 법률에 따라 형사책임을 묻는다.

의약업계의 리베이트 등 불법 상업 뇌물수수 개념과 범위, 책임 등에 대해 알아본다.

외국투자기업 뇌물수수 관련 법률

[사례]

라벨 및 패키징 솔루션 분야의 세계적 기업 에이버리 데니슨(AVERY DENNISON)은 1994년 중국에 진출, 쿤산(昆山)과 광저우(廣州)에 플라스틱코팅공장 두 곳을 건설하고 상하이, 베이징, 톈진(天津), 다롄(大連), 청두(成都), 선전(深圳), 우한(武漢), 홍콩에 사무소와 절단센터를 설립했다. 그러나 에이버리 데니슨은 뇌물수수 혐의로 2009년 7월 28일 최종판결에서 20만 달러의 벌금형을 선고 받았다. 2002~2005년 브로커를 통해 2만 5,000달러를 해당 공무원에게 전달하고, 모 국유기업으로부터 주문서를 받아내는 등 총 3만 달러의 뇌물을 공여(供與)한 혐의다.

최근 들어 중국에 진출한 외자기업과 다국적기업이 뇌물수수로 벌금형을 받았다는 소식이 끊이지 않고 있다. 해당 기업은 경제적인 타격은 물론 명예도 실추되기 때문에 기업의 준법관리가 중요한 문제로 대두됐다. 'Compliance'의 원뜻은 '따르다, 준수하다'지만 그 번역어로서의 '준법'은 넓은 의미의 '규범에 부합하다'로 해석된다. 이 어휘가 외자기업경영관리에 쓰일 때는 다음과 같은 것들을 의미한다. 첫째, 기업본사소재국과 경영소재국의 관련법률법규와 업계준칙을 준수한다. 둘째, 기업내부규정, 상업행위준칙, 사회규범, 신용 및 도덕행위준칙 등을 준수한다. 요컨대 준법경영이란 법을 준수하는 경영이다. 일반적으로 외자기업들은 모두 관련부서를 설치하고 법률전공자나 회계감사전문가를 채용해서 이 업무를 전담하게 한다. 기업이 속한 업종의 특징과 경영규모 기업문화에 따라 준법업무내용도 각각 다르다. 의약업의 경우 준법업무의 조정범위는 제약기업과 병원, 의사, 약국 간의 관계로, 제품을 판매하기 위해 뇌물이 오가는 위법행위를 방지하는 것이다. 금융업의 경우라면 금융기관이 위법행위로 법적 제재나 관리감독처벌을 받음으로써 발생하는 재무손실 및 명예실추 등을 방지하는 업무가 된다.

Ⅰ. 중국 준법관리법률현황

현재 중국은 통일된 전문적인 관련법이 없다. 상업뇌물법률조항은 〈형사법〉, 〈민사법〉, 〈행정법〉으로 나뉘며 주요내용은 다음과 같다.

1. 반(反)상업뇌물 핵심법률

중국에서 반상업뇌물의 핵심법률은 〈형법〉 및 수정안, 〈불공정경쟁법〉 및 최고인민법원의 〈불공정경쟁 민사안건심리 응용법률 일부문제에 관한 해석(關於審理不正當競爭民事案件應用法律若干問題的解釋)〉, 국가공상행정관리국의 〈상업뇌물행위금지에 관한 임시규정(國家工商行政管理局關於禁止商業賄賂行爲的暫行規定)〉이 있다. 〈형법〉 385-393조는 뇌물공여죄, 수뢰죄, 뇌물수수 알선죄 및 이들 범죄의 처벌방식을 규정했다. 163조, 164조는 비(非)공무원의 수뢰, 비공무원에 대한 뇌물공여라는 새로운 죄목을 규정해 뇌물수수적용범위를 확대했다.

1993년 통과된 〈반(反)불공정경쟁법〉은 중국이 시장에서의 경쟁행위를 전문적으로 규범한 첫 번째 법률이다. 상업뇌물문제에 대한 본격적인 법률적 제재는 이것이 처음이다. 8조에는 '경영인은 재물 또는 기타수단으로 뇌물을 수수, 이를 통해 상품을 판매 또는 구입할 수 없다. 상대기관이나 개인에게 장부 외적으로 암암리에 리베이트를 준 경우 뇌물공여로 본다. 상대기관이나 개인이 장부 외적으로 리베이트를 받은 경우 뇌물수수로 간주한다. 경영인은 상품을 판매 또는 구입할 때 리베이트를 명시해 상대방에게 리베이트를 제공할 수 있고 중개인에게 커미션을 줄 수 있다. 다만 상대방에 지급한 리베이트와 중개인에게 지급하거나 받은 커미션은 반드시 사실대로 장부에 기록해야 한다. 리베이트, 커미션을 받은 경영자 역시 사실대로 장부에 기록해야 한다'고 명시되어 있다. 22조는 '경영인이 재물이나 기타수단으로 뇌물을 제공하여 상품을 판매 또는 구입해서 범죄가 성립되면 법에 의거하여 형사책임을 묻는다.

범죄가 성립되지 않을 경우 감독검찰부처가 사안에 따라 1만 위안 이상 20만 위안 이하의 벌금에 처하고 위법으로 얻은 부분은 몰수할 수 있다'고 규정했다.

국가공상행정관리총국이 1996년 11월 15일 발표한 〈상업뇌물행위금지에 관한 임시규정〉은 총 12개 조항으로 구성됐다. 상업 뇌물수수행위 관련 전문 법규로, 상업뇌물수수 형태, 법률금지행위, 처벌방식 등에 대해 자세히 기술했다.

중국은 상업뇌물수수사건이 빈번하게 발생하는 특수분야에 대해서도 관련 법규를 마련했다. 이들 법규는 각종 기본법률 및 사법해석에 등장한다. 〈회사법〉, 〈보험법〉, 〈약품관리법〉, 〈정부구매법(政府採購法)〉, 〈반(反)자금세탁법(反洗錢法)〉, 〈상업은행법(商業銀行法)〉 등이 포함된다. 이들 법률은 각 분야의 상업뇌물수수행위에 대한 규제를 담고 있으며 해당 업종 내에서 적용성과 권위를 가진다. 예를 들어 〈정부구매법〉 72조에는 구매인·구매대리기관·실무자가 구매과정에서 뇌물을 수수하거나 기타 불공정한 이익을 취해 범죄가 성립될 경우 법에 의거하여 형사책임을 묻고, 범죄가 성립되지 않을 경우 벌금에 처한다고 명시돼 있다. 아울러 위법행위로 얻은 것은 몰수하고, 국가기관에 소속된 공무원은 법에 따라 행정처분을 한다고 밝히고 있다.

2. 부속법규

국무원이 발표한 〈대외 공무활동 선물 증정 및 수수에 관한 규정(關於對外公務活動中贈送和接受禮品的規定)〉, 〈상업유통 중 부정행위 억제에 관한 통지(國務院關於制止商業流通中不正之風的通

知)〉, 중국공산당의 〈기율처벌조례(紀律處分條例)〉 등 이들 당 기율 및 공무원기율은 당 간부의 상업뇌물수수행위에 대해 강력한 구속력을 지닌다.

Ⅱ. 반(反)부패 관련 국제조약

1990년대 들어 유엔(UN)은 반(反)상업뇌물에 힘을 기울였다. 2000년 UN사무총장이 유명 글로벌 다국적기업과 공동으로 발표한 '글로벌콤팩트(UNGC) 10대 원칙' 중 10항이 반부패원칙이다. 〈OECD뇌물방지협약〉에서 〈UN반(反)부패협약〉에 이르기까지 반부패는 국제적인 문제가 된 지 오래다.

중국은 〈UN반부패협약〉, 〈UN국제조직 범죄방지협약〉, 〈국제상거래 갈취 및 뇌물행위 척결 준칙〉, 〈ADB/OECD아시아태평양반부패행동계획〉에 가입했다. 이 중 중국에 가장 큰 영향을 미치는 협약은 〈UN반부패협약〉이다. 〈UN반부패협약(이하 '협약')〉은 2005년 12월 12일에 발효됐고 중국은 2005년 10월 27일 이 협약의 가입을 비준했다. 〈협약〉은 국제협약에 속한다. 각국은 주로 두가지 방식으로 국제조약을 이행한다. 첫째, 직접이행이다. 특정한 국내사법기관이 헌법의 '국제법 범위를 모두 적용한다'는 원칙적 규정에 따라 구체적 안건에 국제협약을 직접 적용하는 것이다. 둘째, 간접이행이다. 우선 국내입법기관이 국제협약이 규정한 제도를 국내법으로 제정하거나 기존 국내법을 수정해 국내법률로 전환한 뒤 특정사법기관에 적용시키는 것이다. 중국은 현재 국제협약 이행방식에 관해 정해놓은 규정이 없고, 전체 법률체계에서 국제협약의 지위에 관한 입법규정이 없다. 법이론과 국제사회의 사법관례에 따라 중국은 간접이행방식을 채택했다. 국제협약 간접이행 중 국제협약의 규정과 국내법규정의 근본정신이 일치하면 국내법의 기존규정을 유지한다. 국제협약의 규정과 국내법의 기존규정이 충돌하면 '국제협약 우선원칙'에 따라 국내법의 기존규정을 수정해서 국제협약에 맞추도록 했다.

국제협약 이행과정에서 중국은 협약이행을 연구하는 업무조율체제를 구축했다. 〈협약〉 규정을 단계별 절차에 따라 중국 국내법으로 전환시켰다. 〈협약〉 관련 규정에 따라 전인대 상무위원회는 2006년 6월 〈형법〉 수정안 6을 심의 통과하고, 횡령·뇌물수수범죄를 자금세탁죄의 상위범죄로 규정했다. 2006년 10월에는 〈반(反)자금세탁법〉을 심의·통과했다. 2007년 1월 1일부터 시행된 〈반자금세탁법〉은 자금세탁 범죄예방과 감시에 관한 중국의 첫번째 법률이다. 2007년 5월 31일 중국정부는 〈협약〉의 요구에 따라 부패예방전문법정기관으로 국가부패예방국을 설립, 해당업무를 더욱 강화했다. 부패문제에 대해 더욱 적극적인 자세를 취함을 의미한다.

전자정보 등 매매대상이 다양해지면서 소유권보류와 같은 새로운 제도가 등장했다. 매매계약에 대한 중국 법률을 알아본다.

〈계약법〉과 사법해석

매매계약은 실제 경제생활에서 가장 기본적이고 보편적인 계약형태로 거래의 안정과 계약쌍방의 권리의무는 물론 시장질서안정 및 건강한 경제발전과도 관계가 있다. 1999년 시행된 〈계약법〉에는 매매계약이 15개 유명(有名)계약 가운데 첫 번째로 기술돼 있고, 해당법 9장에는 총 46개 조문에 걸쳐 매매계약이 규정돼 있다. 그러나 경제가 빠르게 발전하고 시장거래가 변화하면서 이 46개 조문만으로는 복잡 다양한 매매계약을 다 포괄할 수 없게 됐고 실제 심리 중에도 매매계약 관련 규정에 대한 다른 해석이 나타났다. 때문에 최고인민법원은 2012년 3월 31일 〈매매계약 분쟁안건 심리 시 적용 법률 문제에 관한 해석(關于審理買賣合同糾紛案件適用法律問題的解釋, 이하 '사법해석')〉을 통과시키고 2012년 7월 1일부터 정식 시행했다. 〈사법해석〉은 다음의 내용을 더 세분화하고 보완한 것이다.

Ⅰ. 매매계약 효력인정

중국 〈계약법〉의 기본 입법정신은 당사자의 자율적인 생각을 존중하고 계약거래를 독려하는 것이다. 따라서 법률이 명확하게 규정한 상황이 아니면 임의로 계약무효를 인정할 수 없다. 〈계약법〉 52조는 계약무효가 인정되는 5가지 상황에 대해 밝히고 있다. 〈계약법〉의 시행성을 높이기 위해 1999년 12월 〈계약법 약간 문제에 관한 해석 1〉이 정식 시행됐다. 이 해석 4조에 따라 계약법 시행 이후 인민법원이 계약무효를 인정하려면 전국인민대표대회와 상무위원회가 제정한 법률과 국무원이 제정한 행정법규를 근거로 해야 한다. 지방법규, 행정규정은 법적 근거가 될 수 없다.

2009년 5월 시행된 〈계약법 약간 문제에 관한 해석(2)〉 14조는 더 나아가 〈계약법〉 52조에 규정된 '강제성 규정'을 '효력성 강제성 규정'이라고 해석했다. 이들 규정은 실제적으로 계약무효 인정 사유를 줄여 거래의 안정성을 최대한 보호한 것이다.

이번에 시행된 〈사법해석〉은 이 원칙과 입장을 고수했다. 〈사법해석〉 1조에 따르면 당사자 간에 서면계약이 없어도 일방이 송장, 화물수취증, 결산서, 영수증 등을 근거로 매매계약 관계가 있다고 주장하면 계약이 성립되었다고 간주할 수 있다.

시장거래에서 많이 존재하는 구매승인서, 주문서, 예약서, 의향서, 승낙서, 비망록 등에 대해 〈사법해석〉 2조는 이들의 독립계약효력을 명확히 인정했다. 쌍방의 거래기회를 확정하고 악의적인 계약

자를 제재하기 위함이다.

Ⅱ. 소유권보류제도

소유권보류제도란 매매계약 관계에서 법률규정이나 당사자 간의 약정에 따라 매도인이 목적물을 매수인이 점유하도록 이전하지만 목적물의 소유권은 계속 갖고 있으면서 매수인이 대금의 일부 또는 전부를 지불하거나 특정조건을 완수했을 때 해당 재산의 소유권을 이전하는 법률제도이다. 〈계약법〉 134조에 소유권보류 제도가 규정돼 있다. 이 조항은 당사자가 매매계약에서 매수인이 대금을 지불하지 않거나 다른 의무를 이행하지 않았을 경우 목적물의 소유권은 매도인에게 귀속된다고 규정했다. 그러나 해당 조항은 지나치게 원칙적이고 간략해 실용성이 약하다. 〈사법해석〉 34-37조에서 해당 제도에 대해 비교적 상세하게 규정했다.

1. 적용 범위

34조는 '계약 당사자 일방의 목적물 소유권보류 규정을 부동산에 적용하는 주장에 대해 인민법원은 승인하지 않는다'고 규정했다. 이전등기는 부동산 소유권변동의 요건으로 이전등기 완료 전에는 부동산소유권에 변동이 발생할 수 없다. 때문에 매수인이 목적물을 점유해 사용하더라도 쌍방이 이전등기만 하지 않으면 매도인은 계속 소유권을 가질 수 있어 이 제도를 적용할 필요가 없다.

2. 매도인의 권리 보호 및 제한

〈사법해석〉은 매수인의 행위가 매도인의 권익을 침해한다면 매도인이 목적물을 회수해 이익침해를 방지할 수 있도록 규정했다. 매수인이 매도인에게 손실을 입히는 행위는 약정대금 미지불, 약정한 특정조건 불이행, 목적물 부당처분 등이다. 매도인이 목적물을 회수한 후 특정기간 동안 매수인이 매도인에게 목적물을 되찾지 않을 경우 매도인은 목적물을 다른 곳에 매도할 수 있고 매도 후 그 대금으로 채권손실을 만회할 수 있다. 채권손실을 만회하기에 부족하면 매도인은 매수인에게 배상을 청구할 수 있다. 그러나 매도인의 회수권은 절대적인 것이 아니라 여기에도 다음과 같은 제한이 따른다.

(1) '선의(善意)취득제도'의 제한을 받는다. 목적물이 매수인에 의해 제3자에게 넘겨지고, 제3자가 〈물권법〉 106조에서 밝힌 '선의취득'에 관한 규정에 부합한다면 매도인은 목적물을 회수할 수 없다.

(2) 매수인이 이미 지불한 대금의 제한을 받는다. 매수인이 이미 지불한 대금이 총 대금의 75% 이상이라면 매도인의 이익은 기본적으로 실현됐다고 간주한다. 매도인이 회수권을 행사하면 매수인의 이익에 큰 영향을 주기 때문에 매수인의 이익도 고려해 매도인의 회수권을 적절하게 제한한다.

Ⅲ. 전자정보제품 인도 방식

최근 정보기술의 발전과 인터넷 보급으로 전자정보를 거래대상으로 하는 매매계약이 증가해 중요한 거래형태로 자리잡고 있다.

전자정보제품은 정보방식으로 전송되는 제품으로 온라인으로 받거나 인터넷 다운로드 방식으로 인도하기 때문에 제품의 인도, 소유권이전 확정 및 매매쌍방의 위험부담을 어떻게 인정하느냐가 중요한 문제다. 〈계약법〉 61조, 〈사법해석〉 5조에 따르면 매매쌍방이 인도 방식 등에 대해 약정했으면 그 약정에 따른다. 약정하지 않았거나 약정이 불명확하다면 당사자는 협의로 보충할 수 있다. 보충협의를 맺지 않았다면 계약 관련 조항이나 거래 관례에 따라 확정한다. 상기한 규칙으로도 확정할 수 없다면 매수인이 약정한 전자정보제품이나 권리증명을 받은 것이 곧 인도한 것이다. 다시 말해 전자정보제품의 특징에 따라 구체적인 인도방식을 2가지로 확정할 수 있다. 첫째는 권리증명인도이고, 둘째는 온라인인터넷전송방식으로 해당 정보제품을 받거나 다운로드하는 것이다.

첫 번째 인도방식은 매매쌍방이 주고받은 전자정보제품의 권리증명, 예를 들어 특정정보제품의 비밀번호를 사용하는 것이다. 매수인은 권리증명을 받은 후 자유롭게 제품을 취득하고 해당 전자정보제품의 사용시간을 결정할 수 있다. 따라서 매수인이 해당 전자정보제품의 권리증명을 받았다면 매도인은 인도의무를 완료했다고 간주한다. 두 번째 인도방식은 매매쌍방이 전자데이터의 온라인전송방식으로 전자정보제품을 인도하는 것이다. 그러나 기술, 네트워크, 컴퓨터 시스템의 이유로 매도인이 전자정보 제품을 발송했다고 해도 매수인이 반드시 정보제품을 받을 수 있는 것은 아니다. 매도인이 전자정보 제품의 제작과 전송방식을 선택하는 데서 확실히 우월한 위치에 있다는 것을 고려해 〈사법해석〉은 매수인이 전자정보제품을 받았을 때를 인도완료 시점으로 규정한다.

Ⅳ. 중복판매 상황 처리

실생활에서 물건 하나를 여러 번 판매하는 중복판매(一物數賣) 문제에 대해 〈사법해석〉 9조, 10조는 이를 일반동산과 특수동산으로 나눠 각각 다른 방식으로 처리하도록 규정했다. 그러나 이 두 동산의 처리방식은 모두 매도인의 자주적인 선택권을 배제한다. '물건 하나를 여러 번 판매하는' 행위 자체가 매도인의 거래 기본 신용이 부족하다는 것을 의미하기 때문에 법률은 매수인의 이익이 침해되지 않도록 보호한다. 구체적으로 살펴보면 일반동산이 다중 매매된 상황이라면 인도·지불·계약 성립이 계약이행순서다. 선박, 항공기, 자동차 등 특수동산이 다중 매매된 상황에서 인도는 특수동산 물권변동의 효력이 발생하는 요인이고, 등기는 선의의 제3자에 대항하는 요건이다. 따라서 인도·등기·계약 성립이 계약 이행 순서이다. 인도 및 등기가 충돌하는 상황이 발생하면 인도를 기준으로 한다.

매매계약 쌍방의 권리 및 의무에는
무엇이 있을까?
실 사례를 통해 알아본다.

계약분쟁 사례 및 판결

[사례]

2006년 11월 중국의 A회사와 한국의 B회사는 중국 베이징에서 '매매계약'을 체결했다. 계약내용은 ① A회사가 제공한 제품을 B회사에서 구입한다. ② 제품은 모 패션브랜드이며 수량 8,000벌, 총 금액은 320만 위안이다. ③ A회사는 주문품을 세 번에 나누어 B회사의 베이징 자회사에 보낸다. ④ 매번 검수가 끝난 후 물품 수량에 따라 대금을 결제한다. 이 외에도 쌍방은 계약위반 책임 등 사항에 대해서 구체적으로 약정했다. 계약 체결 후 A회사는 2007년 1월 16일, 2007년 4월 17일, 2007년 6월 19일 세 번에 걸쳐 각기 3,500·3,800·1,600벌씩 총 8,900벌의 주문품을 B회사에 보냈다. 또한 매번 주문품을 보낼 때마다 '물품검수확인서'를 한 부씩 보냈다. B회사는 주문품을 받은 후 '수취증'을 발급, 서명했으나 A회사에서 제공한 '물품검수확인서'에는 서명하지 않았다. 1차 납품 때 B회사는 접수물량에 해당한 대금 140만 위안을 지불한 후 2차, 3차 납품 시에는 모두 물품 대금을 지급하지 않았다.

2008년 초 A회사는 대금지불을 독촉했으나 해결되지 않자 B회사를 상대로 법원에 소송을 제기했다. 소송내용은 B회사는 실제 받은 물품수량에 따라 나머지 대금을 지불하며 중국인민은행의 규정에 따라 연체에 대한 위약금을 지불할 것을 요구하는 것이었다. 이에 B회사는 쌍방이 체결한 계약에 약정된 주문 수량은 8,000벌이므로 A회사가 약정 수량 외 제공한 900벌의 물품에 대한 대금은 지급할 수 없다고 주장했다. 또한 A회사가 제공한 물품 품질에 심각한 하자가 있어 품질이 나쁜 물품에 대해서 대금을 지급할 수 없다고 밝혔다.

위 사건에 대한 법원의 심리내용은 다음과 같다.

A, B 쌍방이 체결한 매매계약은 양측의 진실한 의사를 구현한 것으로 법적 효력이 있으며 쌍방은 계약내용에 따른 의무를 이행해야 한다. 중화인민공화국 〈계약법〉 158조에 따르면 계약 중 검수기간을 약정하지 않은 상황에서 공급자가 납품한 물품 수량 혹은 품질이 약정사항에 맞지 않고 문제가 있을 경우 구입자는 합리적 기간 내에 공급자에 통보해야 한다. 구입자가 합리적 기간 내에 공급자에 통보하지 않았을 경우 물품의 수량 혹은 품질이 약정사항에 부합하는 것으로 간주한다. 〈계약법〉 162조에 따르면 구입자는 공급자가 초과 제공한 물품을 거절할 경우 이를 보관하고, 공급자

에 제때 통보해야 한다. 이때 발생하는 보관비용은 공급자가 부담해야 한다. 쌍방은 상품을 분할공급하기로 약정했으나 최종결산은 약정내용대로 이행하지 않아 B회사가 지불해야 하는 금액이 불분명하므로 A가 B에 연체로 인한 위약금을 요구하기 위한 근거가 부족하다.

이 같은 해석에 따라 법원은 'B회사는 본 판결의 효력이 발생한 뒤 A회사에 물품 대금 216만 위안을 지급한다. A회사의 기타 소송청구를 기각한다'고 판결했다.

법률분석

계약은 민사권리 및 의무관계를 설정·변경·해지하기 위한 당사자 쌍방의 진실한 의사표시다. 따라서 법에 따라 체결된 계약은 법적 효력을 가지고 쌍방은 계약내용에 약정한 의무사항을 성실히 이행해야 하며 그렇지 않을 경우 계약위반 혐의가 생길 수 있다. 이상의 사례에 근거해 매매계약 이행 시의 주의사항을 짚어본다.

Ⅰ. 공급자의 의무

1. '목적물(標的物)'의 소유권을 교부 및 이전해야 한다. 매매쌍방이 협상을 거쳐 합의를 본 후 공급자는 약정사항에 따라 구입자에게 목적물을 보내 구입자가 이를 취득한 동시에 그 실제 소유권을 갖도록 한다. 목적물의 이전방식에 대해 계약에서 약정하지 않았거나 그 약정이 명확하지 못할 경우 〈계약법〉 61-63조의 규정을 따른다.

2. 공급자는 목적물에 흠이 없도록 담보해야 한다. 공급자가 제

공한 물품소유권은 공급 전에 발생한 그 어떤 이유로도 제3자에 의해 소추되어서는 안 된다. 목적물이 제3자에 의해 소추됨으로 인해 구입자에 끼친 손실에 대해서는 공급자가 민사책임을 진다.

3. 공급자는 약정된 수량, 품질에 따라 목적물을 전달해야 한다. 목적물 품질문제로 발생한 법적 책임은 공급자가 부담한다. 초과 송달된 물품에 대해 구입자가 이의(異議)를 제기하지 않을 경우 구입자가 초과 부분을 인정한 것으로 간주한다. 구입자는 공급자가 송달한 물품 수량에 따라 대금을 지급해야 한다.

4. 공급자는 계약에 약정된 기간, 장소, 방식에 따라 목적물을 인도한다. 인도기간이 늦어질 경우에는 사전에 구입자의 동의를 얻어야 하며 그렇지 않으면 계약위반 책임을 져야 한다. 인도기한이 연기되었으나 구입자가 이의를 제기하지 않을 경우 쌍방이 인도기간을 변경한 것으로 간주한다. 공급자가 약정기간 전에 목적물을 인도하여 손실을 보거나 구입자에 기타 손실을 초래할 경우 공급자가 모든 손실을 부담한다. 공급자가 사정으로 인해 목적물 인도장소를 변경할 경우 사전에 구입자의 동의를 얻어야 한다. 동시에 장소 변경으로 인해 증가 혹은 절감되는 비용의 부담 액수와 방식을 협상하여 분쟁이 발생할 가능성을 줄여야 한다. 인도방식 약정은 주로 공급자가 물품을 위탁 운송해야 하는 상황이 발생했을 때에 대한 약정으로, 운송이 필요할 경우 공급자가 목적물을 첫 번째 운송업자에게 인도할 때 인도를 완료해야 한다.

Ⅱ. 구입자의 의무

1. 구입자는 계약에 약정된 액수, 장소, 인도방식에 따라 물품대금을 지불한다. 구입자는 초과 인도된 물품을 거절할 수 있는데 이때 공급자에 제때 통보해야 한다. 통보하지 않았을 경우 초과부분을 접수한 것으로 간주하며 계약에 따라 초과 부분에 해당한 대금을 지불해야 한다.

물품대금 지불 시 구입자는 아래 사항에 주의해야 한다.

(1) 약정된 기간 내에 지불해야 한다. 구입자가 대금을 체납할 경우 계약위반 책임을 지게 되며 손실액 및 이자를 배상해야 한다.

(2) 대금지불 장소는 협의를 통해 결정한다. 계약서에 대금지불장소를 정하지 않았거나 명확하게 정하지 못했을 경우 보충협의를 하거나 대금을 접수하는 자의 소재지에서 지불한다.

2. 구입자는 계약에 약정된 수량, 품질 요구에 따라 목적물을 인수한다. 구입자는 어떤 이유로도 목적물 인수를 연기하거나 거절할 수 없다. 구입자의 이유로 인수가 연기될 경우 이로 인한 공급자의 손실은 구입자가 부담하며 동시에 위약금을 지불한다.

3. 구입자는 목적물 인수 시 제때 검수를 해야 한다. 〈계약법〉 157조는 '구입자는 물품 인수 시 약정된 검수기간 내에 검수를 마쳐야 한다'고 규정했다. 물품검수는 구입자의 법적 의무다. 구입자가 검수의무를 위반할 경우 계약위반으로 취급되지는 않지만 발생한 손실을 부담해야 하는 법적 책임을 지게 된다.

위 사례에서 구입자인 B회사는 물품을 받은 후 수량, 품질에 문제가 있음에도 불구하고 약정된 기간 내에 A회사를 상대로 이의를 제기하지 않았다. 따라서 B회사가 소송과정에 제기한 'A회사의 물품에 심각한 품질하자가 존재한다' 는 이유는 법원의 인정을 받지 못했다.

Ⅲ. 물품의 수량과 품질

〈계약법〉 158조는 '쌍방이 검수기한을 약정했을 경우 구입자는 물품의 수량, 품질에 생긴 문제를 검수기한 내에 공급자 측에 통보해야 한다. 구입자가 제때 통보하지 않았을 경우 물품의 수량, 품질이 약정에 부합하는 것으로 간주한다. 쌍방이 검수기한을 약정하지 않았을 경우에도 구입자는 적절한 기간 내에 공급자에 통보해야 한다. 구입자가 적절한 기간 내에 통보하지 않았거나 목적물을 인수한 날로부터 2년 내에 공급자에 통보하지 않았을 경우 목적물의 수량, 품질이 약정에 부합하는 것으로 간주한다'고 규정했다.

위 사례에서 B회사는 물품 인수 후 적절한 기간 내에 물품 품질, 수량에 대해 이의를 제기하지 않았다. A회사가 대금배상 소송을 한 뒤에 B회사는 물품에 하자가 있다고 항변을 했고 항변은 법원의 인정을 받지 못했다.

〈계약법〉은 통보방식에 대해 별도로 규정하지 않았다. 단, 구두로 전달하는 것은 증거가 될 수 없으므로 서면으로 통보하는 것이 바람직하다.

계약서에 빠질 수 없는 '불가항력 상황'에는 어떤 상황이 포함될까?

'불가항력'에 관한 규정

인류의 활동 범위가 점차 확대되면서 자연재해 또한 빈번하게 발생하고 있다. 2008년 중국 원촨(汶川) 대지진(리히터 규모 8), 2010년 아이티 지진(리히터 규모 7), 2011년 일본 지진(리히터 규모 9) 등 불가항력적인 자연재해는 불규칙성과 잦은 발생 빈도, 엄청난 파괴력 등으로 인류에 심각한 피해를 입혔다.

계약에서 '불가항력조항'이란 계약이 성립되고 효력이 발생된 이후 당사자가 계약을 맺을 당시 예측할 수 없고, 발생 및 그 결과를 피할 수 없으며 극복할 수 없는 의외의 상황으로 계약에 명시된 의무를 이행할 수 없거나 기한 내에 이행할 수 없는 상황을 말한다. 불가항력은 일반적으로 자연현상과 사회적 요소 두 가지 측면이 있다. 자연적 요소는 화재, 수해, 지진 등을 가리키며 사회적 요소는 전쟁, 동란, 정부의 금지령 등을 가리킨다.

불가항력제도는 민사법에서 중요한 제도로 어떤 일방에게 귀책할 수 없는 불가항력이 발생했을 때 각 측의 권리, 의무, 위험을 다시 확정해 주로 위약 행위와 권리침해 행위의 민사책임을 면제하는 데 그 입법취지가 있다. 불가항력조항은 해상운수 계약에서 최초로 나타났다. 이후 이 제도는 국제 간 화물거래에서 중요한 규칙이 됐다. 최근 들어 계약 거래가 다양해지면서 대부분의 계약에서 쌍방의 당사자는 불가항력사건 발생 이후 쌍방의 권리의무 면제방식에 대해 명확하게 기술하고 있다.

Ⅰ.

일반적으로 불가항력으로 인정받으려면 아래의 몇 가지 조건을 만족시켜야 한다.

1. 예측 불가능성

완전히 우연하게 발생한 사건이어야 하며 객관적으로 일반인이 해당 상황이 언제 어디에서 발생하고 어떤 결과를 초래할지 전혀 예측할 수 없어야 한다. 주관적으로 당사자의 과실이 없고 계약을 이행할 수 없는 이유가 어느 일방 당사자의 부주의나 과실로 인한 것이 아니어야 한다. 예를 들어 갑과 을은 2008년 5월 10일 갑의 컨테이너 4개를 갑이 지정한 장소로 을이 운송한다는 내용의 화물운송 계약을 맺었다. 을은 운송을 시작했으나 운송 도중 원촨(汶川) 대지진이 발생하자 을의 차량이 도로에 발이 묶여 계약의 약정기간 안에 화물을 인도할 수 없게 됐다.

2. 불가피하고 극복이 불가능한 상황

불가피한 상황이란 발생할 수 있는 의외의 상황에 대해 당사자가 주의를 기울이고 적절한 조치를 취했지만 객관적으로 사건의 발생을 막을 수 없는 것을 말한다. 극복할 수 없는 상황이란 당사자가 의외의 상황 발생 여부와 발생 정도, 예상 손실 등을 준비하거나 처리할 수 없고, 손해를 피할 수 없으며 어떤 의미에서 당사자가 하늘의 뜻에 맡길 수밖에 없는 것을 말한다.

3. 객관성과 외재성

불가항력 사건은 당사자의 행위와 독립해서 발생하는 사건을 말한다. 계약을 맺을 때 당사자의 의지로 바꿀 수 없는, 당사자의 의지와 행위 이외의 객관적인 사건으로 특정인이나 불특정 제3자의 행위는 포함되지 않는다. 〈계약법〉 121조에는 당사자 일방이 제3자 때문에 계약 위반을 하게 된 경우 반드시 상대에게 계약 위반의 책임을 지도록 하고 당사자와 제3자 사이의 분쟁은 법률 규정이나 약정에 따라 해결한다고 명시돼 있다. 예를 들어 대형 이벤트를 기획한 갑은 을(디자인회사)와 병(인쇄회사)과 각각 계약을 맺고 잡지를 디자인 제작하기로 했다. 계약을 맺은 후 을이 계약을 위반해 갑은 계획된 시간에 잡지 디자인 샘플을 못 받았고 때문에 인쇄를 넘길 수 없었다. 갑은 병에게 위약 책임을 져야 하지만 불가항력을 이유로 병에게 면책을 주장했다.

4. 관련성

불가항력은 계약이행을 가로막는 객관적인 상황으로, 반드시 계약 성립 이후 계약이행 중지 이전까지의 계약이행기간 내에 발생해야 한다. 또한 정상적인 계약이행에 실질적인 영향을 미쳐야 하고 발생한 사건과 위약 사실 간에 필연적인 인과관계가 있어야 한다. 그렇지 않을 경우 의외의 상황과 본 계약의 이행 및 위약 책임의 인정은 관련성이 없어 불가항력이 성립되지 않는다.

Ⅱ.

〈민법통칙〉 107조에 따르면 불가항력으로 계약을 이행할 수 없거나 타인에게 손해를 입혔을 경우 민사책임을 지지 않는다. 〈계약법〉 117조에서는 '불가항력으로 계약을 이행할 수 없을 경우 불가항력의 영향에 따라 책임의 일부 또는 전부를 면제할 수 있다. 단, 법률에는 별도의 예외 조항이 있다. 당사자가 이행을 지연한 이후 발생한 불가항력은 책임을 면제할 수 없다'고 밝히고 있다. 118조에는 '당사자 일방이 불가항력으로 계약을 이행할 수 없을 경우 즉시 상대에게 통보해 상대가 입을 손실을 줄여야 하고 합리적인 기한 내에 증명서를 제출해야 한다'고 규정하고 있다.

이로써 중국의 법률법규는 불가항력 범위를 명확하게 확정하지 않았다는 것을 알 수 있다. 일반적으로 불가항력에 속하는 사항은 다음과 같다.

1. 심각한 자연재해

인간이 통제할 수 없는 대자연의 힘으로 인한 재난 사고를 말한다. 심각한 지진, 해일, 태풍, 홍수, 곤충으로 인한 재해, 폭풍, 우박, 눈사태, 화산 폭발, 산사태 등이 포함된다. 예를 들어 2008년

초 진눈깨비로 인해 중국 남부에서 발생한 냉해나 원촨 대지진 등 심각한 자연재해가 일어난 시기에 계약이행기간이 걸렸다면 당사자는 불가항력조항을 들어 계약위반책임을 면할 수 있다.

2. 심각한 사회이상 사건

주로 사회의 힘으로 인해 계약이행을 가로막는 비정상적인 돌발사건, 예를 들어 전쟁, 무장충돌, 파업, 소요, 폭동 등을 말한다. 태국 정국불안으로 많은 여행 계약이 이행되지 못한 것이 그 예다.

3. 정부 행위 관련

정부가 발표한 신규 정책, 법률이나 신규 행정 조치 등으로 계약을 이행할 수 없을 경우를 말한다. 예를 들어 정부의 간섭, 계엄, 금지령, 운송금지, 징수, 징용 등은 일반적으로 불가항력과 비교 대조해 처리한다.

Ⅲ.
불가항력 사건이 발생하면 쌍방은 최대한 적극적으로 조치를 취해야 한다.

1. 불가항력 사건이 발생한 계약 당사자는 즉시 상대에게 통보해야 한다. 〈계약법〉 118조의 규정에 따르면 불가항력으로 의무를 이행할 수 없는 측은 즉시 상대에게 이를 통보하고 이유를 설명해 상대 당사자가 가능한 빨리 조치를 취해 손실을 최대한 줄일 수 있도록 해야 한다. 만일 즉시 통보하지 않아 상대의 손실이 가중됐

을 경우 가중된 손실에 대해 배상 책임을 져야 한다.

2. 불가항력으로 의무를 이행할 수 없는 측은 반드시 적절한 기한 내에 관련 부처가 발급한 서면 증명서를 제출해 불가항력 사건의 발생과 당사자의 계약 이행에 미치는 영향 등 상황을 증명해야 한다. 불가항력 사건을 당한 측은 불가항력이 존재한 증거를 제시해야 할 책임이 있으며 유효한 증거를 제시할 수 없을 경우 계약위반 책임을 져야 한다.

3. 상대 당사자는 불가항력 사건 발생 통보를 받으면 즉시 적절한 조치를 취해 손실을 피하거나 줄여야 한다. 또한 이미 발생했거나 발생할 수 있는 손실을 평가해 쌍방은 계약을 계속 이행할 것인지, 계약을 변경 또는 해제할 것인지 등의 상응한 조치를 취해야 한다.

불가항력이 발생한 데 대한 법률적 책임은 주로 불가항력이 발생한 당사자에게 돌아간다. 계약의무이행으로 인한 것이 아니면 위약의 책임을 지지 않는다. 불가항력 사건의 발생으로 계약 당사자 일방이나 쌍방이 계약을 이행할 수 없고, 계약을 전부 이행할 수 없거나 기간 내에 이행할 수 없을 경우 〈민법통칙〉 107조와 〈계약법〉 117조 규정에 따라 계약위반 책임을 지지 않는다. 이로 인한 손실은 손해를 입은 측이 자체 부담한다.

Ⅳ.
불가항력의 영향 정도에 따라 계약해제, 변경, 또는 계약이행 연기 등 여러 결과가 나타날 수 있다. 구체적으로 다음과 같다.

1. 불이행책임 전부 면제, 계약해제

만일 불가항력 사건이 계약이행에 미치는 영향이 막대해 채무자가 계약이행능력을 전부 상실하여 계약이행이 불가능해지거나 계약이행이 일방 또는 쌍방 당사자에게 더 큰 손실을 가져올 경우 당사자는 〈계약법〉 94조에 규정된 법정 계약종료권으로 계약을 해제하고 당사자가 불이행한 위약책임을 전부 면제할 수 있다. 면제된 책임에는 실제 이행, 위약금 지불과 손해배상 등이 포함된다.

2. 이행책임 일부 면제

만일 불가항력으로 계약의 일부 의무를 이행할 수 없지만 계약이 당사자에게 의의가 있다면 불가항력이 계약이행에 미치는 영향의 정도에 따라 계약 내용을 변경하고, 위약 측의 위약 책임 일부를 면제할 수 있다.

3. 이행연기

만일 불가항력이 계약이행에 일시적인 영향을 미칠 뿐 계약을 완전하고 영원히 이행하지 못하게 하는 것이 아니고, 이행기한 연기가 의의가 있다면 채무자에게 이행 연기를 요구하고, 이행 연기로 인한 위약 책임을 면제할 수 있다.

단, 불가항력으로 인한 면책에도 몇 가지 예외 상황이 있다.

1) 이행연기는 위약책임을 면할 수 없다. 당사자가 계약이행의무를 연기하면 그 위약 행위는 법적 제재를 받는다. 만일 계약이행기한 만료 후 발생한 불가항력 사건을 이유로 그 전의 위약책임면

제 주장을 받아들이면 책임은 약속 이행 측에게 전가돼 형평원칙과 성실신용원칙에 위배된다. 때문에 〈계약법〉 117조에서는 당사자가 이행연기 이후 발생한 불가항력으로 책임을 면제할 수 없다고 명확하게 규정하고 있다. 예를 들어 A기업이 B기업에게 화물을 구매하고 화물인도기한을 2012월 8월 12일로 약정했다. B기업의 내부 문제로 2012년 8월 18일에야 해당 화물 운송을 시작했고, 운송 도중 산사태로 화물이 전부 멸실됐다. 이 경우에 B기업은 위약책임을 져야 한다. 그 위약행위는 불가항력 발생 시에도 이미 존재했기 때문에 불가항력을 이유로 위약책임을 면제받을 수 없다.

2) 법률이 특별 규정한 예외 조항

어떤 상황에서 불가항력이 과실 책임이 없는 조건에서 발생했지만 법률에서 명확하게 이 때의 불가항력을 항변의 사유로 삼고 있지 않다면 위약 측의 책임을 면제할 수 없다. 예를 들어 중국 〈우정법(郵政法)〉 48조에 따르면 송금과 원액보상에 가입한 우편물의 손실은 불가항력으로 인한 것이라고 해도 우정기업은 배상책임을 면제받을 수 없다.

회사결정을 대표하는 인장(印章).
인장의 중요성과 관리소홀에 대한
피해와 책임에 대해 알아본다.

인장(印章)관리 관련 법률

[사례]

산둥(山東) 칭다오(青島)의 한국계 기업 A는 2010년 상하이로 사업을 확장하기로 하고 회사 인장을 B에게 관리하도록 했다. A기업은 인장 관리를 철저하게 하지 않았다. B는 이러한 상황을 이용해 백지에 임의로 A기업 도장을 찍고 이를 여러 장 보유했으며 상품매매계약, 서비스계약과 그에 따른 물품검수서, 서비스 확인서 등 회사인장이 찍힌 문서를 만들었다. B가 A기업을 떠난 뒤 2011년 12월 말레이시아계 한 인사가 상품 및 서비스 대금을 지급하라며 A기업을 법원에 고소했다. 그 금액이 200여만 위안에 달했다. 그는 A기업 인장이 찍힌 상품매매 계약서, 서비스계약서와 그에 따른 물품검수서, 서비스확인서 등을 증거로 제시했다. A기업은 그런 계약을 맺은 적이 없고 어떠한 물품이나 서비스도 받은 적이 없으며 계약서나 영수증은 누군가 인장이 찍힌 빈 종이에 해당 내용을 인쇄하는 방식으로 위조한 것이라고 주장했다. 법원은 A기업에게 해당 증거를 제시하라고 했다. A기업은 여러 감정센터를 다니며 인장의 진위, 인장을 찍은 시각 등을 감정한 전문적인 감정서를 마련했다. 그러나 감정 결과 이상함이 발견되지 않아 법원 판결의 증거가 되지 못했다.

최근 시장경제가 발전하면서 인장으로 인한 분쟁도 날로 늘고 있다. 그 중에는 기업 관리권과 주주이익에 영향을 미치고, 기업경영권 이전을 유발하며 인장을 이용해 사적 이익을 취하거나 악의적으로 돈을 빌려 달아나는 경우도 있다. 기업인장관리는 기업의 경제적 이익과 직결된다. 특히 감정기술이 불완전한 상황에서 기업인장관리는 매우 중요하다.

Ⅰ. 기업인장의 성격, 특징, 효력

인장은 기업의 권위를 상징하는 것으로 기업의 생각을 외부로 드러내는 상징이자 대외사업 중 기업의 의지를 표현하는 가장 보편적인 수단 중 하나이다. 경영활동 중 자주 사용하는 인장에는 주로 재무전용인장, 계약전용인장, 기업 및 내부용 인장 등이 있다. 중국 법률은 인장의 법률적 역할과 효력을 전문적으로 규정했다. 인장은 기업의 계약, 공문, 소개서, 증명서 등 법적 문서 성격을 지닌 증거로 법적 공신력을 지닌다. 〈계약법〉 32조는 '당사자가 서면으로 맺은 계약은 쌍방 당사자의 서명이나 인장을 날인해야 계약이 성립된다'고 규정했다. 〈민사소송법〉 59조에는 '타인에게 위탁해 소송을 대리할 때 반드시 인민법원에 위탁인의 서명이나 도장을 날인한 위임서를 제출해야 한다'고 명시돼 있다. 최고인민법원은 〈민사소송법 적용 약간 문제에 관한 의견〉 52조에서 '사업소개서, 계약 전용인장, 인장이 찍힌 빈 계약서 또는 은행계좌를 차용할 경우 임대인과 임차인은 공동 소송인이다'고 규정했다.

기업은 경영관리 중 문서, 계약서나 다른 서면 자료에 인장을 찍어야 할 때가 많다. 이것은 기업의 생각을 표시하는 행위로서 이로 인한 법적 결과는 기업이 책임져야 한다. 인장은 빈번하게 사용

되는 동시에 중요한 역할을 하므로 엄격한 인장관리규범을 마련하는 것이 특히 중요하다. 기업경영관리자는 법률위반, 위조, 무효, 저효율 등의 이장으로 인한 법률적 위험을 항상 경계해야 한다.

Ⅱ. 인장관리 부실의 예

1. 인장 사용절차 혼란

일부 기업이 인장이 찍힌 빈 문서를 타인에게 함부로 준 뒤 타인이 인장이 찍힌 빈 문서에 관련 내용을 적어 권리를 주장하거나 의무를 포기해 해당 기업을 고소하는 경우가 있다. 이런 경우 해당 기업은 반박주장을 증명하기 어려워 불필요한 법적 책임을 져야 할 가능성이 크다.

2. 인장보관 허술

예를 들어 기업이 채용한 인력을 해임하거나 인장관리를 위탁한 인력의 인장위탁을 해제한 뒤 즉시 해당 인장을 회수하지 않을 경우 행위자가 소지 중인 기업인장으로 제멋대로 계약을 체결해 피해자의 경제적인 손실을 초래하면 기업이 배상책임을 져야 한다.

3. 내부인장 남용

현대 기업은 규모가 크고 기구 및 부서가 세분화되어 있다. 기업은 〈기업법인 등기관리조례〉에서 언급한 기업대표직인, 계약전용인장, 재무전용인장 외에도 다양한 내부인장을 사용하고 있다. 규정에 따라 이들 내부인장은 대외적으로 사용할 수 없고, 기업을 대

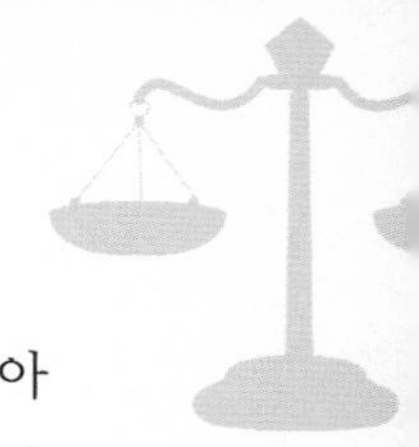

표할 수도 없다. 그러나 관리 허점이나 집행제도가 엄격하지 않아 일부 기업의 내부기관이 내부인장을 대외적인 문서 또는 재료에 사용해 기업에 불필요한 법적 분쟁을 야기할 수 있다.

4. 폐기된 인장 회수지연

그룹형 기업은 대외투자가 많고, 계열사와 자회사가 많으며 내부조직의 변동도 빈번하게 일어나 인장제작, 보관 및 회수가 많이 발생한다. 만약 관리 소홀로 폐기된 인장이 제때 회수되지 않으면 법적 분쟁이 일어나기 쉽다.

5. 일부 기업은 인장을 오랫동안 사용해 파손 또는 정상적인 사용이 어려우면 임의로 기존 인장을 제작하거나 교체하기도 한다. 그러나 교체 후 제때 관련 부처에 등기하지 않은 상태에서 분쟁이 발생하면 기업은 증거 부족으로 곤란을 겪게 된다.

Ⅲ. 기업인장관리 강화

(1) 인장의 중요성을 인식한다.

실제 생산·경영 활동에서 인장의 중요성에 대한 인식 부족, 불완전한 제도, 엄격하지 않은 집행 등으로 인장을 부적절하게 사용해 후환을 남기는 경우가 적지 않다. 기업관리인력은 인장의 중요성을 더 깊이 인식해 인장관리제도를 정비하고, 인장사용절차를 엄격히 관리해 기업의 합법적 권익을 보호해야 한다.

(2) 엄격한 인장사용절차를 마련한다.

① 기업은 자질이 우수하고 책임감이 강한 사람에게 기업의 인장을 관리하도록 하고, 인장관리자에게 원칙에 따라 제도를 지킬 것을 요구한다.
② 기업은 엄격한 인장사용절차를 마련해야 한다. 직인날인이 필요한 문서나 자료는 책임권한에 따라 결재를 거쳐야 직인날인을 받을 수 있게 한다.
③ 인장사용등기부를 마련해 인장 관련 사항, 예를 들어 사용날짜, 사유, 횟수, 취급자, 승인자 등을 기록해 향후 조사하기 쉽도록 한다. 빈 편지지, 소개서, 계약서에 인장날인을 엄격하게 금지한다.
④ 기업인장을 보관 장소 밖으로 갖고 나가지 못하게 한다. 특수한 상황으로 외부에서 인장을 사용해야 한다면 회사의 비준을 받고, 인장관리인에게 현장에서 인장날인을 감독하도록 한다.

(3) 안전하게 보관한다.

인장보관을 위한 치밀한 제도를 마련한다. 기업은 인장보관 등기부를 마련해 인장명칭, 관리인 등을 기재한다. 인장관리인은 책임을 명확히 하고 인장의 정상적인 사용과 절대적인 안전을 보장한다. 인장을 외부에 빌려줄 수 없으며 보관장소에서 밖으로 휴대해 나가지 못하게 한다. 사용 후 즉시 보관서랍이나 안전한 장소에 두어 분실이나 남용되지 않도록 한다. 인장관리자 변경 또는 장기외출 시에는 인수인계를 한다.

(4) 보완조치를 제때 취한다.

기업인장이 분실이나 도난되면 현지 매체에 공고를 내고, 관련 부처 예를 들어 기업등기지역의 공상행정관리 부처에 즉시 등기한다. 그 밖에 주요 고객이나 이해관계가 있는 기관과 개인에게 서면으로 통보해 부정적인 영향을 최대한 줄인다.

기업인장은 기업신분을 나타내는 법적 상징으로 영수증이나 문서에 일단 인장을 날인하면 즉시 법적 효력이 발생하고 기업도 이에 상응하는 제약을 받게 된다. 인장관리 소홀은 기업에 많은 법률적 위험을 가져온다. 때문에 기업은 인장관리를 중요하게 생각해야 한다. '사전예방, 사고발생 시 통제에 주력, 사후보완'을 원칙으로 인장관리를 강화해 기업의 합법적 권익을 보호해야 한다.

중국 국내법

독점 방지를 위한 법률 시스템이 완비되고 있다. 실 사례를 통해 독점의 기준 및 피해발생 시 대처 방법에 대해 알아본다.

'반(反)독점' 관련 법률

[사례]

미국 탄산음료업계의 거두인 K기업은 20세기 초 미국에서 설립돼 현재 전 세계 200개 국가에 걸쳐 160개 음료 브랜드를 보유하고 있으며 1981년부터 중국 베이징, 다롄(大連) 등지에서 합자 병포장 음료기업을 설립했다. 2007년 통계에 따르면 해당 기업 산하의 주스제품이 중국 주스시장의 9.7%를 차지했고 2007년 중국 내 매출 증가 폭은 18%에 달했다.

1992년 설립된 중국 주스음료기업인 H기업은 등록지가 케이맨 제도지만 주로 중국 내에서 생산 및 경영 활동을 하고 있다. 최근 K기업 주스브랜드가 중국 주스업계에서 최고 브랜드로 자리 잡았

다. 100%주스는 순수주스시장의 46%, 고농도주스시장의 39.8%를 차지했다. 또한 농축액, 과일원액, 주스제품은 미국, 일본, 호주 등 30여 개 국가와 지역에 수출됐다.

2008년 9월 K기업은 179억 2,000만 홍콩달러를 들여 H기업을 인수합병하기로 하고 반독점심사를 위해 상무부에 관련자료를 제출했다. 2009년 3월 18일 중국 상무부는 그러나 〈반독점법〉에 따라 K기업의 H기업 인수합병을 금지한다고 공식 발표하며 비준불가 이유를 다음과 같이 구체적으로 밝혔다.

첫째, 인수합병 후 K기업은 탄산음료시장에서의 지배적 지위를 이용해 끼워팔기, 묶어팔기 등으로 주스를 판매하거나 배타적인 거래조건을 설정해 주스음료 시장경쟁을 제한함으로써 소비자로 하여금 더욱 비싼 가격을 부담하거나 제품 선택 폭이 줄어드는 피해를 보게 할 수 있다.

둘째, 기존 브랜드의 시장진출을 제한해 잠재적 경쟁이 해당 제한을 없앨 수 있는 효과를 발휘하기 어렵다.

셋째, 해당 인수합병은 국내 중소형 주스기업의 생존공간을 위협해 중국 주스음료시장 경쟁구조에 부정적인 영향을 끼칠 수 있다.

이는 2008년 8월 1일 〈반독점법〉 시행 이후 통과되지 않은 첫 번째 사례다. 이전까지 상무부는 '경영자집중(기업결합)' 40건을 신청받았고, 그 중 23건을 무조건적으로 비준했다. 때문에 이번 인수합병금지 결정은 중국 내 외국인투자 각계를 놀라게 했다.

중국경제가 발전하면서 독점조직과 행위가 크게 증가해 정부의 경제조정능력에 대한 새로운 요구사항이 대두됐다. 반독점법률제도는 시장경제국가의 기본적인 법률제도로 독점 금지 또는 제한·

경쟁보호·경제발전촉진에 있어서 중요한 역할을 한다. 십여 년의 연구를 거쳐 〈반독점법〉이 2008년 정식으로 시행됐고, 실제로 적용되는 과정에서 반독점 법률제도 개선 작업이 정상 궤도에 들어섰다.

Ⅰ. 중국 반독점 법률 입법 상황

1. 〈반독점법〉 공포 전 입법상황

〈반독점법〉 발표 전까지 중국의 경쟁관련 법률법규는 분산되어 있었다. 상황은 다음과 같았다. 1980년 10월 국무원은 〈사회주의 경쟁확대와 보호에 관한 임시 규정〉에서 처음으로 반독점문제를 제기했다. 해당 규정 3조는 '……경제활동 중 국가가 특정 부처 및 회사에서 전문적으로 경영하도록 지정한 제품 외에 독점 및 독점적 영업을 해서는 안 된다'고 규정하고 있다. 이후 국무원 및 관련 부처와 위원회의 행정 법규에서도 반독점 규정이 잇따라 등장했다. 예를 들어 국무원 〈상품유통 중 부조리 금지에 관한 통지〉, 〈가격 관리 조례〉, 〈기업합병에 관한 방법〉, 〈지역 간 시장 봉쇄 타파를 통한 상품 유통 개선에 관한 통지〉 등이 있다.

그 후 1993년 공포된 〈반부정당(反不正當) 경쟁법〉과 1997년 공포된 〈가격법〉은 중국의 기본경쟁 법률제도를 구축했다. 〈가격법〉 18조는 '…다음에 해당하는 제품과 서비스의 가격은 정부가 필요할 때 정부 지도가(指導價) 또는 정부정가(定價)를 시행할 수 있다. … (三) 자연독점경영의 상품 가격은 …'라고 규정했다. 이전까지 중국의 반독점에 관한 법률법규는 여전히 〈가격법〉 내 일부 소수

규정과 유사해 조정범위가 제한적이었고 체계적이지 못했다.

2. 〈반독점법〉 시행

〈반독점법〉은 2008년 8월 1일 정식 시행됐다. 〈반독점법〉 시행은 중국 반독점 법률제도 구축에 있어 이정표적인 의미를 갖는다. 총 8장 57조로 구성된 반독점법은 독점협의, 시장지위 남용, 경영자집중, 경쟁제한 등에 대해 모두 규정했다. 〈반독점법〉 입법 취지는 사회주의 시장경제에 적합한 경쟁규칙을 제정·시행하고, 거시적 조정을 개선하며 일관되고 개방적이며 경쟁적이고 질서 있는 시장시스템을 구축하는 데 있다. 이를 통해 경영자의 공정한 경쟁·자율적 연합을 촉진하고 다시 경영규모 확대 및 시장경쟁력을 제고하기 위함이다. 또한 국유경제에 통제적 지위를 가진, 국민경제와 국가안보에 관련된 업종 및 법에 의거한 독점 경영과 전매 행위에 대해 국가가 경영자의 합법적 경영활동을 보호함으로써 소비자의 이익을 보호하고 기술발전을 촉진하는 것이다.

3. 행정법규 및 부처 규정

〈반독점법〉은 기초 법률이다. 해당 법의 순조로운 시행을 위해 국무원, 상무부, 국가공상행정총국 등은 이에 상응하는 관련 법규를 공포함으로써 운용성을 강화했고 구체적 실무에 대한 지도방안을 마련했다. 이들 신생 관련 법규는 여전한 법적 효력을 지닌 기존의 법률과 함께 중국의 현행 반독점 법률시스템을 구성하고, 구체적인 상황에 따라 지속적으로 개혁, 완비되고 있다.

〈반독점법〉 시행 당일 국무원은 제20차 상무회의에서 〈경영자집중 신고기준에 관한 규정〉을 통과시켰고 2008년 8월 3일부터 시행했다. 효력 면에서 행정법규에 속하는 이 규정은 경영자집중의 정의 및 경영자집중 신고기준을 명확하게 규정했고 운용성도 어느 정도 갖췄다.

〈반독점법〉과 〈국무원 경영자집중 신고기준에 관한 규정〉에 의거, 상무부와 기타 유관 부처는 일련의 부처 규정을 공포해 운용성을 더욱 높였다. 이들 부처의 규정에는 〈경영자집중 심사 방법〉, 〈경영자집중 신고 방법〉, 〈금융업 경영자집중 신고 영업액 계산 방법〉, 〈경영자집중 반독점 심사업무 지침〉 등이 있다. 상무부는 또 〈외국투자자의 국내기업 합병에 관한 규정〉을 수정해 반독점법 관련 규정과 통일되도록 했다. 아울러 상무부는 〈국무원 반독점위원회 관련 시장범위 확정에 관한 지침〉, 〈법에 의거한 신고를 하지 않은 경영자집중에 대한 심리에 관한 임시 방법〉, 〈신고기준에 부합하지 않고 독점의혹이 있는 경영자집중에 대한 증거수집에 관한 임시 방법〉도 공포했다. 또한 〈신고기준에 부합하지 않고 독점의혹이 있는 경영자집중에 대한 심리에 관한 임시 방법〉이 현재 의견 수렴 단계에 있으며 곧 시행될 것이다.

2009년 7월 1일 국가공상행정관리총국은 공상행정기관의 반독점행위 처리에 관한 〈공상행정관리기관의 독점 협의, 시장지위남용 사건 조사처리 절차 규정〉과 〈공상행정관리기관의 행정 권력 배제 남용 제지, 경쟁행위 제한 절차 규정〉을 발표했다. 2011년 2월 공상총국은 〈독점협의 행위 금지에 관한 관련 규정〉과 〈시장분배지위 남용 행위 금지에 관한 규정〉을 공포함으로써 반독점 행위 조사처리의 효율성을 한층 높였다.

4. 기타 관련 법률법규

기타 경쟁관련 법률법규에는 최고인민법원의 〈부정경쟁 민사사건 심리에 응용되는 법률의 일부 문제에 관한 해석〉, 〈외국인의 투자산업 지도목록〉, 〈가격위반행위 행정 처벌 규정〉, 〈국무원의 사회주의 경쟁확대와 보호에 관한 임시규정〉 등이 있고, 이 법규들은 중국 반독점법률시스템의 일부분이다.

Ⅱ. 〈반독점법〉 사법해석 등장

2012년 1월 최고인민법원은 중국 국내 반독점 사법 재판의 실제 상황을 감안해 2012년 6월 1일부터 시행할 〈독점행위로 유발된 민사분쟁사건 심리에 응용되는 법률의 일부 문제에 관한 규정(이하 '반독점 사법해석')〉을 공포했다. 이는 중국에서 전문적으로 〈반독점법〉의 사법 재판에 대해 공포한 첫 번째 사법 해석으로, 〈반독점법〉이 사법 루트를 통해 실제 문제를 해결하는 방향으로 중요한 한 걸음을 내디뎠다는 것을 상징한다. 〈반독점 사법해석〉은 총 16조로 구성되어 있으며 반독점 사건의 기소, 접수, 관할, 입증 책임, 소송 기한 등 내용에 대해 명시하고 있다. 주요 내용은 다음과 같다.

1. 행정 인정은 반독점 기소의 전제조건이 아니다

〈반독점 사법해석〉 2조 규정에 따르면 원고는 직접 인민법원에 반독점 민사소송을 제기할 수 있다. 혹은 반독점법 집행기관이 독점행위에 대한 결정을 내린 뒤 법적 효력이 발생한 후 인민법원에 민사소송을 제기할 수 있다. 인민법원은 두 가지 상황 모두 접수·

처리해야 한다. 이는 원고가 손해를 입은 것을 증명할 증거만 있으면 소송을 제기해 독점기업에 권리침해 책임을 요구할 수 있고, 반독점 민사소송은 행정집행절차를 전제조건으로 할 필요가 없다는 것을 의미한다.

2. 성정부 소재 도시에서는 중급 인민법원이 1심을 한다

〈반독점 사법해석〉 3조에 따르면 1심 독점 민사 분쟁 안건은 성, 자치구, 직할시 인민정부 소재지의 시, 계획단열시(計劃單列市)의 중급 인민법원 및 최고인민법원이 지정한 중급 인민법원이 관할한다.

3. 일부 상황 입증책임은 피고에게 있다

일반적으로 소송의 양측 당사자는 모두 자신의 주장에 상응하는 증거를 제출해야 하며 입증할 수 없는 경우 그에 상응하는 불리한 결과를 감수해야 한다. 그러나 〈반독점 사법해석〉 7조에 따르면 일부 상황에서는 피고기업에 입증책임이 있다. 즉 소송당한 독점 행위가 〈반독점법〉 13조 1항 (1)-(5)가 규정한 '고정 또는 변경된 제품 가격 존재, 제품의 생산 수량 또는 판매 수량 제한, 판매시장 또는 원자재 구매시장 분할, 신기술, 신설비 구매 제한 또는 신기술, 신제품 개발 제한' 등의 독점 행위에 속하는 경우 피고는 해당 협의가 경쟁 제한 효과가 없다는 것을 증명해야 하는 책임이 있다. 몇몇 기업이 담합해 가격 인상을 약속하는 등의 행위가 독점을 형성하는 경우 기업은 해당 가격 인상이 경쟁의 배제, 제한 효과가 없다는 것에 대한 입증책임을 져야 한다는 것을 의미한다. 개인에게 피고가 독점적 지위에 있거나 독점행위를 한다는 것을 증명할 실제적 능력이 없음을 고려해 원고의 해당 입증책임을 적절히 경감해줌으로써 실질적으로 더욱 공평하고 합리적 법 집행이 가능해졌다.

중·한 간 무역 규모가 확대되면서 무역 마찰도 증가하고 있다. 양국의 덤핑 기준과 덤핑대응 근거에 대해 알아본다.

중·한 반(反)덤핑 법률 비교

[사례]

1997년 2월 4일 한국 라이터협동조합이 중국산 일회용 라이터 상대로 덤핑소송을 제기했다. 이에 한국무역위원회는 같은 달 27일 조사를 마무리짓고, 3월 10일 공고를 통해 이해관계자에게 통보한 뒤 3월 18일 중국 생산자, 수출업체, 수입업체 및 사용자에게 조사 설문지를 발송했다. 답변 기한은 1997년 4월 30일이었다. 이후 1997년 5월 20일 한국무역위원회는 1997년 6월 5일부터 31.39%의 임시 반덤핑 관세를 징수한다는 내용의 1차 판정을 내리고 한국 재정경제부에 반덤핑 관세를 부과하도록 했다. 재정경제부는 1997년 6월 27일 임시 반덤핑 관세를 징수한다고 공고했다.

1997년 8월 9일 한국무역위원회는 관보에 산업손해공청회 개최기간을 공고하고 1997년 8월 26일 산업손해공청회를 개최했다. 1997년 9월 26일 산업손해 최종결정을 내리고 한국 재정경제부에 반덤핑 관세 징수를 건의했다. 한국 재정경제부는 무역위원회의 건의를 받아들여 중국산 일회용 라이터에 반덤핑 관세를 징수했다.

중국기업은 항소하지 않아 5년 동안 32.84% 반덤핑 관세를 징수당했다. 이 안건에서 한국무역위원회는 중국을 비시장경제국가로 봐 중국 국내 판매가격을 적용하지 않고 태국을 대체국으로 삼아 정상가격을 결정했다. 또한 중국 수출업체가 덤핑가격 자료를 제공하지 않아 한국무역위원회는 세관이 제공한 수입통계자료와 수집할 수 있는 자료를 바탕으로 한국에 대한 수출가격을 산출했다.

금융위기가 전 세계를 강타하고 많은 국가가 자국무역 보호에 나서면서 보호무역주의가 점차 고개를 들고 있다. 그 가운데 반덤핑 조치는 일반적인 방법 중 하나다. 덤핑이란 1994년 관세 및 무역에 관한 일반 협정(GATT)의 우루과이 라운드 〈반덤핑 협정〉에 명확하게 규정돼 있다. 정상적인 무역에서 어떤 제품이 한 나라에서 다른 나라로 수출될 때 해당 제품의 수출 가격이 수출국의 자국 내 동일 제품의 불변가격보다 낮을 때, 즉 정상가격보다 낮은 가격으로 다른 나라의 비즈니스 루트에 진입할 때 해당 제품을 덤핑이라고 한다. 한 나라의 수출제품에 덤핑행위가 있다고 확인되면 해당 상품을 수입하는 국가는 대응 조치를 취할 수 있다. 일반적으로 벌칙성 관세를 징수해 자국의 손실을 만회한다.

Ⅰ. 중한 반덤핑 마찰 악화

최근 무역량이 급격하게 늘어남에 따라 무역분야에서 한중 간 마찰과 경쟁이 갈수록 심해지고 있다. 한국이 반덤핑 조사를 실시한 25개 국가 중 중국, 일본, 미국, 인도네시아, 타이완 순으로 빈도가 높게 나타났다. 중국과 한국이 각각 상대국의 첫 번째 반덤핑 타깃이 된 이유는 다음과 같다.

1. 중한 양국의 양자 간 무역이 빠르게 발전했기 때문이다. 1992년 중한 양국이 정식으로 국교를 수립한 이후 양국의 무역액은 빠르게 증가했다. 중국은 한국의 최대 무역 파트너가 됐고, 한국은 중국의 제4대 무역 파트너로 성장했다. 그러나 중한 양국은 비슷한 산업구조와 경제적 우위를 지니고 있어 양국의 경쟁도 날로 치열해졌다. 이에 따라 양국은 반덤핑으로 자국의 산업과 시장을 보호한다.
2. 중한 양국의 '산업 내 무역' 패턴 때문이다. 산업 내 무역이란 한 국가가 동일 유형의 완제품을 동시에 수출하고 수입하는 것을 말한다. 양국이 모두 세계무역기구(WTO)에 가입한 이후 중한 양국이 상호 수출입하는 상품은 전기 기계 제품, 방직품, 비금속 및 비금속 제품, 광물 및 화공 제품 등 다섯 가지 품목에 집중됐다. 바로 이 때문에 중한 양국의 무역 제품은 경쟁성과 대체성이 강해져 양국 간 반덤핑 안이 빈번하게 발생하게 됐다.
3. 한국에 대한 중국의 무역수지 적자 때문이다. 1992년 중한 국교 수립 이후 중국은 한국과의 무역에서 항상 적자를 기록했고 적자규모도 갈수록 커지고 있다. 현재 한국은 중국의 대외 무역 적자가 가장 큰 국가로, 이 때문에 한국에 대한 반덤핑 빈도가

높아지고 조사가 강화됐다.

Ⅱ. 중한 반덤핑 관련 입법 현황

1. 중국 반덩핑 법률

중국 전 대외경제무역합작부는 1994년 〈해외에서 발생하는 반덤핑에 대한 중국제품의 응소 규정〉을 발표했고, 1996년에는 〈저가수출행위 처벌에 관한 임시 시행 규정〉을 발표해 중국 수출제품의 반덤핑 발생을 줄였다. 또한 중국은 1994년 〈대외무역법〉을 제정해 반덤핑 조치를 대외무역 질서유지와 공정경쟁 보호의 수단으로 명확하게 규정했다. 〈대외무역법〉의 반덤핑 조치를 한층 보완하고 완벽한 반덤핑 제도를 구축하기 위해 중국은 1997년 〈반덤핑 및 반보조금 조례〉를 실시했다. 이 조례는 〈대외무역법〉에 근거해 수년 간 초안작업을 거쳐 완성됐다. 총칙, 덤핑 및 손해, 반덤핑 조사, 반덤핑 조치, 반보조금의 특별 규정 및 부칙 등 총 6장 42조로 구성돼 있다. 같은 해 중국 신문지 생산업계의 9대 제조업체가 대외경제무역부에 한국, 미국, 캐나다에서 수입한 신문지에 대해 정식으로 반덤핑 조사를 신청했다. 이것은 중국 국내 업계가 처음으로 제기한 반덤핑 조사 신청으로 중국의 반덤핑 법률 체제가 실질적인 시행단계에 진입했음을 나타낸다.

2. 한국 반덤핑 법률

한국은 1967년 〈GATT〉에 가입하는 동시에 〈관세법〉과 〈대외무역법〉을 제정했다. 1986년에는 도쿄라운드의 반덤핑협정에 가입했다. 이를 위해 한국은 반덤핑법규를 전면 수정했다. 수정한 반덤핑 규정을 실시하기 위해 대통령령과 총리령을 포함한 구체적인 하급 규정을 제정했다. 1995년 WTO에 가입함으로써 〈GATT〉와 〈1994년 반덤핑수칙〉 상의 반덤핑규정을 기본적으로 갖추게 됐다. 한국의 현행 반덤핑법에는 주로 〈관세법〉 10조, 〈관세법 시행령〉 4조 2-15항, 〈관세법 시행세칙〉 4조 1-8항, 1994년 〈GATT〉 6조, 1995년 WTO 〈반덤핑 협의〉가 있다.

Ⅲ. 중한 반덤핑 법률 비교

1. 공통점

중한 양국 모두 〈GATT〉와 WTO의 반덤핑 원칙을 근거로 반덤핑법을 제정했다. 때문에 양국 반덤핑법의 기본틀은 대체로 같다. 예를 들어 우선 양국이 반덤핑 조사 시 정상가격을 계산하는 메커니즘은 기본적으로 같은데 세 가지 가격을 통해 확정한다. 첫째, 수출국 국내 시장가격이다. 정상적인 무역조건에서 내수는 일정 수량으로 한정되고 가격은 비교성을 가진다. 둘째, 제3국 가격이다. 중국은 가격을 비교할 수 없으면 동일 혹은 유사제품을 제3국으로 수출할 때의 비교 가능한 가격을 정상가격으로 삼는다. 그러나 한국은 수출국이 비시장경제국가일 경우, 시장경제 국가 중 한 곳을 선택해 그 나라의 국내판매가나 제3국으로의 수출가격을 기준으로 정상가격을 책정한다. 셋째, 구조가격이다. 양국 모두 상품의 원자재 원가, 생산 원가 및 관리 비용에 일정한 이윤을 더한 것으로 구성된 것을 구조가격이라고 한다.

수입상품이 국내 산업에 끼치는 손해나 손해의 위협 확정방법은 기본적으로 같다. 중국 〈반덤핑법〉에서는 덤핑제품 수량, 덤핑가격, 덤핑제품이 국내업계에 미치는 영향을 심의해서 덤핑이 국내 산업에 끼치는 손해를 확정한다. 실제 손해를 확정할 때 덤핑 수량, 가격 변화, 덤핑으로 수입된 제품이 자국 제조업이나 제품에 끼치는 영향 및 덤핑 폭 등 네 가지를 고려한다.

한국 반덤핑법은 실제 손해를 판단할 때 덤핑제품 수입수량, 가격 및 국내 산업에 미치는 영향을 주로 고려한다. 손해위협을 판단할 때는 덤핑 상품의 증가율, 원산지 국가의 수출 능력 및 최종 수출 상품이 한국에 진입할 가능성 등을 주로 고려한다.

중한 양국의 반덤핑법은 모두 보호무역주의적 색깔을 띤다. 세계 경제무역발전에서 보면 여러 가지 비관세조치 가운데 반덤핑법은 매우 효과적인 법률적 무기다. 개도국으로서 중한 양국의 반덤핑법은 모두 자국의 산업 보호를 핵심으로 삼고 민족 산업 발전 보호에 치중하고 있다.

2. 중한 반덤핑 법률의 차이

(1) 수출가격 확정

중국 반덤핑 조례에서는 수입제품의 수출가격은 상황에 따라 구별하고 아래의 방법에 따라 확정한다.

① 수입제품은 실제 지불가격이나 마땅히 지불해야 할 가격이 있다. 이 가격을 수출가격으로 삼는다.

② 수입제품에 수출가격이 없거나 그 가격을 신뢰할 수 없다면 해당 수입제품이 처음으로 독립 구매인에게 재판매된 가격으로

추정되는 가격을 수출가격으로 삼는다. 단, 해당 수입제품이 독립 구매인에게 판매 되지 않았거나 수입할 때의 상태로 재판매되지 않았을 때는 상무부가 합리적 기초로 추정한 가격을 수출가격으로 삼을 수 있다.

한국 〈반덤핑법〉에는 수출가격을 덤핑가격이라고 서술하고 있다. 〈관세법 시행령〉 58조 4항에 '덤핑가격은 조사 시작 시 조사 대상 상품의 실제 지불이나 마땅히 지불해야 하는 가격'이라고 규정하고 있다. 그러나 수출 측과 수입 측, 또는 제3자 간에 특수한 관계나 보상협정이 있을 경우 이 가격을 덤핑가격으로 확정할 수 없다. 이때 덤핑가격은 수입상품이 특수관계나 보상협정이 없는 구매자에게 처음으로 재판매한 최초 가격이다. 수입상품이 특수관계나 보상협정이 없는 구매자에게 재판매되지 않았거나 제품이 수입할 때의 상태로 판매되지 않았을 경우 대통령령이 규정한 합리적인 비용 기준에서 확정한다.

(2) 덤핑 폭 확정

중국은 수입제품의 수출가격을 정상가격과 비교해 그보다 낮은 차액을 덤핑 폭이라고 한다. 수입제품의 수출가격과 정상가격에 대해 가격에 영향을 미치는 각종 비교 가능한 요소를 고려해 공평하고 합리적인 방법에 따라 비교해야 한다. 덤핑 폭을 확정하려면 정상가격과 비교 가능한 수출 거래의 가중평균가격을 전부 비교해야 한다. 또는 정상가격과 수출가격은 건별 거래를 기초로 진행해야 한다. 수출가격은 구매자, 지역, 시기에 따라 큰 차이가 있다. 앞의 규정에 따른 비교가 어렵다면 가중평균 정상가격과 단일 수출거래 가격을 비교할 수 있다.

한국 〈관세법 시행령〉 58조에는 가능한 한 정상가격과 덤핑가격을 동시에, 같은 무역 단계에서 비교하도록 규정하고 있다. 또한 해당 상품의 물리적 특징, 판매수량, 판매 조건, 세수차이, 무역수준, 환율변동 등 가격 비교에 영향을 미칠 수 있는 상황을 고려해 정상가격과 덤핑 가격을 비교하도록 하고 있다. 〈관세법 시행세칙〉 10조에서는 이에 대해 더 자세하게 규정하고 있다. 만일 조사 받는 기업이 세관조사 설문지를 작성할 때 충분한 자료와 정보를 제공하면 한국세관은 각 기업에 각각의 덤핑률을 계산하지만 그렇지 않을 경우 이용 가능한 자료를 근거로 특정국가의 모든 수출제품에 단일한 덤핑률을 적용한다. 한국은 덤핑 폭 문제에 있어 기본적으로 국제관례를 따르고 있지만 일부 독특한 방법을 사용하고 있다. 한국 및 WTO가 채택하고 있는 〈반덤핑 협정〉 2조 4항 규정과 비교하면 중국은 덤핑 폭 확정에 있어 비교적 원칙적이다. '비교 가능한 요소', '공정 합리' 등 개념은 아직 명확하게 서술돼 있지 않고 상세 규정도 부족하다.

제품 하자로 인한 생산업체의 의무 및 책임 범위에 대해 알아본다.

리콜(Recall) 관련 규정

[사례]

지난 2001년 천(陳)씨는 자동차를 산 뒤 열쇠를 분실해 대리업체인 A회사를 찾아갔다. 그런데 A회사 직원이 차를 수리하던 중 차문이 잠기면서 원래 열쇠로도 문을 열 수 없게 됐다.

연락을 받은 A회사의 본부는 차체 중앙처리장치(CPU) 고장이 원인이라고 설명했고, 잠시 후 문제의 CPU가 자동차회사에서 내부적으로 리콜을 한 제품이었음이 확인됐다.

자동차회사는 CPU를 교환하고 차량을 수리를 한 뒤 천씨에게 돌려주었다.

2년 뒤인 2003년 4월 천씨는 자동차회사와 대리업체인 A회사를 법원에 고소하고 두 피고에게 경제적 손실 10만 위안을 배상하라고 청구했다. 동시에 차량에 대한 내부 리콜 결정을 중국의 모든 해당 차량 사용자에게 고지, 법에 따라 리콜을 실시하고 국가품질관리총국에 보고할 것을 요구했다.

2003년 10월 상하이(上海)시 징안(静安)구 인민법원은 해당 자동차회사가 이미 원고에게 1만 6,000위안을 배상한 만큼 원고의 손해배상 요구는 기각했지만 상황에 대한 공개 및 리콜 고지는 다른 경로를 거쳐 해결할 것을 권했다.

법률 분석

2004년까지 중국 소비자의 제품품질 관련 피해는 개인이 소송을 제기하여 상응하는 배상만 받았을 뿐 제품 생산자 측에 리콜 등을 요구해 그 피해를 줄일 수 있는 방법이 없었다. 법원에서 피해자의 리콜 및 문제제품 고지 요구를 받아들이지 않으니 이와 같은 요구사항은 따로 행정절차를 거쳐야만 실행될 수 있었다.

때문에 경제적 이익과 브랜드 이미지만 고려한 제품 판매자 측은 문제가 발생하면 피해자 개인에 보상금을 지불하는 등 '사적으로'만 해결하려 할 뿐 결함이 있는 상품을 계속 판매하곤 했다. 리콜 등 문제상품을 소비자에게 고지해야 한다는 법률적인 근거가 없었기 때문에 법원도 개별 사건에 대해서만 판결을 내렸고, 권리 침해 행위가 동일인에게 재차 발생하더라도 당사자는 다시 소송을 제기해야만 했다. 이러한 잘못된 관행은 사법계의 인적자원 낭비를 초래하고, 문제상품이 여전히 시장에서 유통되면서 피해가 빈발하는 악순환을 야기했다.

2004년 국가품질관리총국이 〈문제차량 리콜 관리규정〉을 발표한 뒤 관련 부처들이 잇따라 〈식품 리콜 관리규정〉, 〈약품 리콜 관리방법〉, 〈유제품 품질안전 감독 관리조례〉, 〈어린이 장난감 관리규정〉, 〈식품안전법〉 등을 발표함으로써 장난감, 식품, 약품 등 업종에까지 리콜제도가 도입됐다. 그러나 〈민법통칙〉, 〈제품품질법〉, 〈소비자권익보호법〉 등 민법에서는 제품 리콜제도에 대해 통일된 규정을 제시하지 않았다.

2009년 12월 26일 전국인민대표대회 상무위원회는 〈권리침해책임법〉을 통과시키고 2010년 7월 1일부터 시행했다. 모두 12장 92조로 구성된 해당 법은 제품에 대한 책임, 자동차 교통사고에 대한 책임, 의료 손해배상 책임, 환경오염 책임, 고강도 위험 책임, 동물 사양 손해배상 책임, 물건 손해배상 책임 등에 대해 통일된 규정을 담고 있다. 〈침권책임법〉은 권리침해에 대한 책임제도를 완성했고, 보호해야 할 민사 권리의 범위를 명확히 했으며 제품품질 이상으로 발생하는 권리침해의 책임과 처벌 및 배상제도를 규정했다. 〈침권책임법〉의 제정 및 시행은 중국이 전면적인 제품 리콜제도를 도입했음을 의미한다.

〈침권책임법〉 5장은 7개 항목으로 나누어 제품 책임 관련 문제에 대해 명시하고 있다. 이 중 45조는 '제품 결함이 타인의 신체와 재산의 안전에 위협을 줄 경우 권리를 침해 당한 피해자는 생산자, 판매자에 그로 인해 발생한 장애 혹은 위험 요소를 제거하는 등의 책임을 요구할 수 있다'고 밝혔다. 46조에는 '제품이 유통된 후 결함을 발견하면 생산자, 판매자는 제때에 고지, 리콜 등 보완조치를 취해야 한다. 신속히 보완조치를 취하지 않거나 보완조치가 미비하여 손해를 초래할 경우 권리 침해에 대한 책임을 져야 한다'고 규정하고 있다.

〈침권책임법〉에 따르면 생산자 혹은 판매자가 여러 가지 원인 혹은 기술수준 미달로 제품의 결함을 발견하지 못한 채 제품이 유통됐다면 생산자, 판매자는 마땅히 신속하게 대응해 사용자에게 고지하거나 결함 제품을 리콜하는 등 보완조치를 취함으로써 손해발생 및 확대를 방지해야 한다.

여기서 '고지'라 함은 제품결함으로 인해 초래될 수 있는 위험 혹은 제품의 정확한 사용법에 대해 설명하거나 통보하여 소비자기 해당 제품을 사용할 때 발생할 수 있는 위험을 미리 인지하도록 하는 것으로, 소비자 손해를 예방하거나 최소화하는 데 목적이 있다.

'리콜'이란 제품 생산자·판매자가 규정된 법 절차에 따라 자신이 생산했거나 판매한 제품을 교환·환불해 주거나 부품을 교환하는 등 방법을 통해 문제제품으로 발생할 수 있는 피해를 없애거나 줄이는 것을 말한다.

문제제품 리콜제도가 법률적으로 확립되면서 중국 〈소비자권익보호법〉에 있었던 '생산자가 아래 기술한 상황 가운데 임의의 한 사항에 해당될 경우 배상 책임을 지지 않는다 …… (2) 제품 유통 전 손해를 야기하는 결함이 존재하지 않았을 경우 (3) 제품 유통 전 과학기술 수준 미달로 인한 결함을 발견하지 못한 경우' 등과 같은 규정은 수정됐다.

이 밖에 제품의 생산자, 판매자는 유통된 이후 결함이 생긴 제품에 대해 고지, 리콜 등 보완조치를 취하는 것에만 그칠 것이 아니라 모든 제품의 이상 기능, 특징, 역할, 문제가 발생한 상황, 손해 발생 확률 등에 근거하여 손해 발생 혹은 확대를 방지하는 데 필요한 조치를 취해야 한다. 제품 생산자·판매자가 유통 과정에서 제품의 결함을 발견하고도 신속히 보완조치를 취하지 않거나 보완조치가 미비하여 손해를 초래할 경우 권리 침해에 관한 책임을 져야 한다.

〈침권책임법〉이 시행되기 하루 전 최고인민법원은 〈권리침해책임법에 대한 통지〉를 발표함으로써 침권책임법 시행 중 맞닥뜨리게 되는 기존 법률 및 기타 규정과의 모순, 사법해석 등에 대해 명시했다.

아울러 사법해석, 실시조례, 시행세칙 등을 내놓아 이 법안의 시행을 도울 것이다. 예를 들어 신체적손해 배상, 정신적손해 배상, 징벌 배상 등의 구체적인 계산 방법과 의료보험 책임범위 규정 중 과실책임 원칙 및 증거제공 원칙, 소비자보호 미비에 대한 책임과 부담 등을 명확히 하는 것이다.

앞으로 이 법안은 중국의 공익소송을 활성화하고, 국민의 실제적 이익을 보호하는 데 적극적인 역할을 하게 될 것이다.

임금제도에 대한 개혁이 심화되고 있다. 임금산정 방식, 기준, 절차 등 규정에 대해 알아본다.

〈임금조례(초안)〉 등

[배경]

선전(深圳)의 폭스콘(Foxconn)사는 직원들의 잇단 투신자살 사건 이후 분위기를 타개하기 위해서 9일 동안 세 차례의 임금인상을 단행, 임금을 기존의 900위안에서 2,000위안으로 올렸다. 이어 광둥(廣東)성 포산(佛山)시에 있는 일본 그룹 혼다 부품생산 공장이 파업에 돌입

했고, 노사 양측은 34% 임금인상에 최종 합의했다.

일련의 사건들은 근로자권익 보호 의식을 높이는 계기가 된 동시에 노동집약형 외자기업 임금에 대한 정부의 적극적인 관리를 예고하는 신호탄이 됐다. 중국정부는 갈수록 악화되고 있는 소득분배 불균형과 도·농 격차를 해결하기 위해 임금관리를 강화하고 있다.

올 2~5월 중국 11개 성(省)·시(市)가 최저임금 기준을 평균 19.6% 올렸다. 그 중 후베이(湖北)가 28.5%로 가장 높았고, 닝샤(寧夏)와 푸젠(福建)은 24.5%, 지린(吉林)과 산둥(山東)은 각각 21.2% 인상했다. 인상률이 가장 낮은 곳도 12.2%에 달했다.

국무원 인력자원 및 사회보장부는 기타 20개 성·시도 현지 소비 수준, 평균 임금, 경제수준, 취업 현황 등을 고려해 반드시 최저임금기준을 새로 책정해야 한다고 발표했다. 중국은 지난 2008년 임금조례 제정에 착수한 이후 여러 차례에 걸쳐 조사·연구를 실시, 전문인력을 대거 투입해 초안 작성 및 수정 작업을 진행해 왔다. 지금까지 나온 〈임금조례 초안 (이하 '초안')〉은 총칙, 원칙, 근거, 적용범위 등으로 구성되며 임금산정방식, 최저임금, 임금지급방식, 특수 상황 시의 임금지급, 거시적 임금조정, 임금 법률책임 등 아홉 가지 내용을 담고 있다. 이 중 최저임금 기준 및 최저임금 인상시스템, 독점기업 임금 제한, 동일 업무·동일 임금, 임금 집단 교섭 등이 주목 받고 있다.

Ⅰ. 최저임금 기준 및 최저임금 인상

노동부는 1993년 〈기업 최저임금 규정〉을 발표하고 이어 1994년에 〈최저임금보장제도 실시에 관한 통지〉를 내놓았으며 2007년에는 노동사회보장부에서 〈최저임금제도 완비에 관한 통지〉를 발표했다.

이번에 마련된 조례 〈초안〉은 기존 법률을 한층 더 체계적으로 정비한 것으로 최저임금 기준을 골자로 하고 있다. 각 성은 〈초안〉에 따라 최저임금 기준을 국가에 보고하여 비준 받고, 대외에 공개해 근로자가 참고할 수 있도록 해야 한다.

〈초안〉은 추가 근무수당과 폭염·혹한 시 근무수당, 각종 국가보조금은 물론 연금보험, 고용보험, 의료보험과 주택적립금은 최저임금에 포함되지 않는다는 점을 최초로 명확히 밝혔다. 이 밖에도 초안에 따라 임금을 인상할 경우 해당 지역의 소비자물가지수(CPI) 등을 충분히 검토하고 노조와 고용인의 교섭을 통해 임금을 인상해야 한다.

Ⅱ. 독점기업 임금제한

인력자원및사회보장부의 통계에 따르면 현재 중국 전력, 통신, 금융, 보험, 담배 등 업종의 평균임금은 다른 업종의 두세 배에 달한다. 주택보조와 임금 외 소득과 복지혜택을 감안한 실질 소득격차는 5~10배에 이를 것으로 보인다. 이 같은 소득 불균형과 도·농격차 해소는 중국정부 국정운영의 핵심이다. 독점업종과 일반업종간에 벌어진 소득격차를 줄이는 것도 이번 입법에서 상당히 중요한 사안이다.

〈초안〉에 따르면 특수업종은 평균 임금수준과 인상률, 인상분 등을 정기적으로 발표해야 한다. 임금, 복지, 사회보험보조금 조정 시 인력자원 및 사회보장부, 재정부, 국유자산관리위원회와 유관

부처의 심사 및 비준을 받고 해당 내용을 즉시 공개해야 한다. 정부는 적정 임금선을 정기적으로 제시하여 임금 수준을 거시적으로 조정하고 특히 독점업종의 임금에 대해서는 특별관리할 방침이다. 또한 독점기업의 임금 총액을 효과적으로 통제하여 독점기업의 총임금이 적당한 수준을 유지할 수 있도록 할 계획이다. 향후 임금조례나 조례의 시행세칙 등 관련 규정을 더욱 정비해 독점업종의 직위별 임금도 점차 공개할 방침이다.

Ⅲ. 동일업무·동일임금

중국정부는 노동집약형 외자기업을 고려해 '동일업무·동일임금' 원칙을 〈초안〉에 담았다. 동일업무·동일임금은 기술과 업무 숙련도가 동일한 근로자가 동일한 업무를 할 경우 성별, 나이, 민족, 지역에 관계없이 고용자는 동일한 임금을 지급해야 한다는 것을 의미한다. 이에 따라 파견직 직원도 정직원과 동등한 권리와 대우를 누릴 수 있다. 이는 파견직 직원이 정직원과 똑같은 업무를 해도 임금차별, 사내차별이나 사회보장차별 등 불공정한 대우를 받는 문제를 해결하는 데 목적이 있다.

'동일업무·임금차별' 현상에는 크게 두 가지로 나타나고 있다. 인수합병과 구조조정 과정에서 임금차별이 존재하고, 용역·파견직원과 정직원 간의 임금이 상이하다.

이런 실정을 고려하여 〈초안〉에서는 같은 업무·같은 근무량·같은 실적을 내는 것을 동일업무·동일임금의 기준으로 제시했다. 동일업무·동일임금 기준에 따르면 실질적인 근로관계 혹은 용역·파견관계가 수립된 후 용역·파견직과 같은 계약직 사원이 정직원

과 동일한 업무를 하고 동일한 근무량을 완수하며 동일한 실적을 냈다면 두 직원은 동등한 임금을 받거나 동일한 임금구간 내에서 유동적인 보수를 받아야 한다.

동일한 기술과 업무숙련정도, 동일한 근무량과 동일한 임금구간을 판단할 만한 구체적인 기준을 규정해 〈초안〉의 실효성을 높이는 것이 남은 과제다.

Ⅳ. 임금단체교섭제도

1995년부터 중국 각 지역에서는 임금단체교섭제도를 점진적으로 시행해왔다. 〈노조법〉, 〈노동법〉, 〈근로계약법〉 등 여러 법률에서 단체교섭제도를 규정하고 있다. 임금단체교섭은 단체교섭제도의 핵심이다. 2000년 노동사회보장부가 〈임금단체교섭 시범 실시법〉을 내놓은 데 이어 2005년 인력자원및사회보장부는 〈임금단체교섭 업무 확대에 관한 통지〉를 발표했다. 이는 임금단체교섭제도의 수립과 정비의 방향을 제시한 것으로 임금단체교섭제도의 확대 실시를 요구한 것이다.

'임금 공동결정'으로도 불리는 임금단체교섭제도는 근로자 대표와 기업경영자가 법에 따라 임금분배제도, 분배형식, 소득수준 등에 관해 평등하게 교섭하는 것을 말한다. 임금인상시스템과 지급보장시스템에서 매우 중요한 부분으로 임금조정에 노사가 모두 참여하고 함께 임금을 결정하는 소득분배 방식이다.

중화전국총공회(中華全國總工會)가 올해 제시한 업무지침에 따르면 임금단체교섭제가 없는 기업, 단체교섭제도 마련을 거부하는 기업, 임금교섭 시기가 지난 기업에 대해서는 일반 노조가 적극적으로 계약의사를 전달할 수 있다. 기업이 거부하거나 변칙 거부하는 행위, 기한을 어기는 행위는 지방 노동조합이 나서서 해당 기업에 시정을 요구해야 한다. 그래도 시정되지 않을 경우에는 노동행정부처에서 법에 따라 처리할 수 있다. 기한이 지나도록 시정하지 않은 경우는 노조가 노동행정부처와 함께 법적 책임을 추궁하게 된다. 임금단체교섭을 통해 결정할 수 있는 내용은 다음과 같다.

① 임금협의 기한
② 임금제도, 임금기준과 임금분배 형식
③ 직원 연평균 임금인상 및 인상폭
④ 장려금, 수당, 보조금 분배 방법
⑤ 임금지급 방법
⑥ 임금협의 절차 변경
⑦ 임금협의 종결조건
⑧ 임금협의 계약위반 책임
⑨ 노사 양측이 모두 규정해야 한다고 여기는 기타 사안

중국의 실정을 고려해 〈초안〉에서 기업이 단체교섭에 응하지 않거나 단체교섭을 거절할 경우에 대한 규정도 포함돼야 한다. 기업이 임금단체교섭에 응해야 하는 기한과 이를 어길 경우의 책임도 명확히 해야 한다.

마지막으로 임금지급메커니즘과 관련해 임금삭감과 임금체납을 줄이기 위한 '임금 보증금'을 최초로 임금보장제도 안에 마련했다.

노조는 노사 양측의 임금협상을 위한 주요 통로다. 중국정부는 〈노조법〉 수정을 통해 노조 역할을 정비하고 관련 법률이 충분히 시행될 수 있도록 노력하고 있다.

건물 용도변경, 건물관리업체와의 분쟁, 주차 분쟁 등에 대한 법적 근거를 알아본다.

〈물권법(物權法)〉과 사법해석

2007년 10월 1일부터 실시된 〈물권법〉 중국 법제 역사에 있어 이정표적인 의미를 지닌 중요한 사안으로, 민생과 밀접한 〈물권법〉은 제정 초기부터 사회 각계의 관심을 모은 바 있다. 그러나 전문성이 짙고, 일부 규정은 지나치게 원칙만을 강조해 실제 법 시행에 있어 해결해야 할 과제들이 잇따라 나타나면서 본 법에 관한 사법해석의 필요성이 대두됐다.

〈물권법〉 공포 이후 얼마 지나지 않아 사법해석으로 〈건물 소유권분쟁 심리 법률 적용 관련 문제에 관한 해석(이하 '건물 소유권분쟁 사법해석')〉, 〈건물 서비스분쟁 심리 법률 적용 문제에 관한 해석(이하 '건물 서비스분쟁 사법해석')〉이 정식으로 발표되었다. 위 두 가지 사법해석은 중국 최고인민법원이 광범위한 조사와 분석, 논증 과정을 거치고, 아울러 여러 차례에 걸쳐 관련 부처 및 사회 각계의 의견을 구하는 등 다년간의 노력 끝에 탄생한 것이다.

이들 사법해석은 소유주 정의, 주정차 위치 및 주차장 분쟁 처리, 주택 용도변경 분쟁 처리, 관리비 분쟁 처리, 건물 관리서비스계약 해제 및 관련 분쟁 처리 등 일련의 주요 관심사안과 난제들을 다루고 있으며 주요 내용은 다음과 같다.

Ⅰ. 건물주 정의

중국 〈물권법〉과 지난 2003년 국무원에서 발표 및 실시한 〈건물 관리조례〉에는 건물주 개념에 대한 정의가 없다. 건물주란 통상 부동산 소유권자를 가리키는 말로, 부동산 소유권과 사용권을 가진다. 개인이나 법인 혹은 기타 기관이 소유주가 될 수 있다. 실제 생활에 있어 건물주는 권리증명서 상에 이름이 적힌 사람을 가리키는데 이로 인해 부부공유나 상속 등을 통해 실제 건물권리인이거나 혹은 권리증명서 취급 과정에 있는 사람임에도 불구하고 건물주의 권리를 충분히 행사할 수 없는 경우가 발생한다. 새로 마련된 〈건물 소유권분쟁 사법해석〉 1조는 '법에 따른 등록을 거쳐 취득하였거나 〈물권법〉 2장 3절의 규정에 따라 건축물 부분의 소유권을 취득한 자는 〈물권법〉 6장에서 일컫는 건물주로 인정한다. 건설업체와의 상품주택 매매 민사 법률에 기초해 건축물 전유부분을 합법적으로 취득한 이후 아직 법에 따른 소유권 등록 수속을 밟지 않은 사람이라도 〈물권법〉 6장에서 일컫는 건물주로 인정한다'고 명시하고 있다.

상기 규정에 따라 상품주택매매 민사법률에 근거해 주택을 구매한 매수인은 합법적으로 전유부분을 점유한 이후 권리증명서를 발급받지 않았다 하더라도 소유주로 인정하며 〈물권법〉과 〈건물 관리 조례〉가 규정한 일련의 권리를 누릴 수 있다. 소유주 개념에 대해 정의한 것은 〈물권법〉 집행과 주택단지 관리에 있어서 중요한 의미를 가진다. 상기 규정은 사법 평가 기준을 효과적으로 통일할 수 있을 뿐만 아니라 〈물권법〉의 취지에도 부합해 실생활에 적용할 수 있다. 이와 함께 일부 사람들로 하여금 제때 부동산 소유권을 등록하게 하는 데도 긍정적인 역할을 할 수 있다.

Ⅱ. 주정차 자리 임대 및 매도

자가용 보유량이 급증하면서 많은 주택단지에서 주차공간이 없거나 극도로 부족해 주택단지 내 주정차 공간 부족 문제점이 이슈로 떠올랐다. 이로 인해 개발업체 혹은 부동산 관리 업체는 공용도로나 기타 부지를 주차장으로 쓰고 있고, 일부 개발업체는 주차자리를 해당 소유주 외의 주민에 고가로 판매하거나 대여하고 있다. 이러한 현상을 막기 위해 〈물권법〉 74조는 '건설구역 내 구획을 통해 주차 공간 및 차고지 마련해 소유주의 수요를 만족해야 한다. 건축구역 내 주정차 목적으로 쓰이는 주차공간 및 차고의 귀속은 소유주의 매도, 배부 혹은 임대 등 방식을 통해 결정한다. 공동소유의 도로 혹은 기타 부지가 주차공간으로 사용됐을 경우 공동소유로 귀속된다'고 규정했다.

〈건물 소유권분쟁 사법해석〉 5조는 '건설업체가 배치비율에 따라 판매, 배부 혹은 임대하는 방식으로 건물주에 주차 자리 및 차고를 배정하는 행위는 건물주 수요를 우선 만족시켜야 한다는 〈물권법〉 74조 1항의 규정에 부합하는 것으로 인정한다. 배치비율이란 건설구역 내 마련한 주차자리, 차고와 가구 수의 비율을 가리킨다'고 명시했다.

법적 강제성과 확정성을 가진 '배치비율' 규정은 주차공간부족 문제 해결을 위해 도입한 것으로 건물주는 전유사용 부분을 매입할 때 이에 대해 분명히 인지하고 있어야 자신의 합법적 권리를 보호하는 데 더욱 유리하다.

Ⅲ. 건물 용도변경

거주환경에 대한 사람들의 요구가 날로 높아지면서 양호한 거주환경 및 쾌적한 삶은 모든 사람이 추구하는 목표가 됐다. 주거용 건물을 상업용으로 사용하는 것은 건물주의 이익을 침해할 뿐만 아니라 주택단지 관리에도 불편을 초래할 수 있다. 이에 중국 〈물권법〉 77조는 '건물주는 법률법규 및 관리조항을 어기고 주택을 상업용으로 개조할 수 없다. 주택을 상업용으로 개조할 경우 법률법규 및 관리조항 준수해야 할 뿐 아니라 이해관계가 있는 건물주의 동의를 얻어야 한다'고 명시했다.

그러나 〈물권법〉은 '이해관계가 있는 건물주'의 범위에 대해서는 정의하지 않았다. 새롭게 마련된 〈건물 소유권분쟁 사법해석〉 11조는 이 범위를 '해당 건축물의 모든 건물주를 이해관계가 있는 건물주로 인정한다'고 규정했다. 10조에는 또 '이해관계가 있는 건물주가 위험요소 제거 및 원 상태로의 회복을 요구하거나 손해배상을 청구할 경우 인민법원은 이를 받아들인다. 건물주가 이해관계가 있는 다수 입주자들의 동의를 얻어 자기행위를 변호해도 인민법원은 인정하지 않는다'고 명시하고 있다.

〈물권법〉과 두 가지 사법해석은 '주거용 건물 용도를 상업용으로 변경하는 행위가 합법성을 갖기 위해서는 두 가지 조건을 만족해야 한다'고 밝히고 있다. 두 가지 조건은 다음과 같다.

1. 법률 법규 및 관리조항을 지켜야 한다.
2. 이해관계가 있는 건물주들의 동의를 얻어야 한다. 이해관계가 있는 건물주들의 동의를 받지 못했을 경우 그 행위는 합법성을 잃게 된다.

이 같은 규정은 건물 용도변경이 가능한 조건을 구체화해 건물주의 합법적 권익수호에 법적 근거를 제공했다.

Ⅳ. 유휴주택도 관리비 내야 한다

구매한 주택을 장기간 비워둔 일부 건물주들은 건물 관리서비스가 필요하지 않다는 이유로 건물 관리비의 납부를 거부하는 경우가 있다. 이 문제에 대해 〈건물 서비스분쟁 사법해석〉 6조는 '건물 관리업체가 계약서 내용 및 해당 규정에 따라 서비스를 제공했지만 건물주가 해당 건물 관리서비스를 이용하지 않았거나 필요가 없다고 항변할 경우 인민법원은 이를 인정하지 않는다'고 규정했다.

일반적인 상황에서 건물주들은 심사를 거쳐 건물 관리업체를 선정하게 된다. 건물 관리업체가 계약에 따라 해당 서비스를 제공했다면 전체 건물주는 건물 관리비를 납부할 의무를 가진다. 설사

건물주가 일정 기간 방을 비워 두었다 해도 건물 관리서비스는 건축물 및 부대시설의 정상적인 운영을 보장하며 건물주들을 위해 간접적인 서비스를 제공한다. 이때 건물 관리업체가 계약에 따라 해당 서비스를 제공했다면 앞서 든 이유로 건물주가 변호를 할 경우 법원은 건물주가 권리를 남용하고 건물주 자치체제 및 건물 관리서비스 질서에 손해를 끼쳤다는 것으로 간주하여 인정하지 않는다.

이상을 살펴보면 두 개의 사법해석은 입법정신에 따라 당사자의 이익을 평등하게 보호하려 노력했다. 사법해석 자체가 구비한 전문성과 법 집행가능성은 유사한 재판에 근거를 제공하여 사법시행에 일정한 지도역할을 한다.

비주민기업의 정의와 이들의 소득세 범위 및 납부방식 등에 대해 알아본다.

비주민기업 소득세 관리 문제에 관한 공고

2008년 이전까지 중국은 주로 〈외상투자기업과 외국기업 소득세법(外商投資企業和外國企業所得稅法)〉을 기초로 외자기업과 외국기업에 소득세를 징수했다.

하지만 2008년 1월 1일 〈기업소득세법(企業所得稅法)〉이 정식 출범하면서 내·외자 기업의 소득세부과를 일원화했다. 이후 국무원이 〈기업소득세법 실시조례〉를 배포해 구체적인 실시방법을 더

욱 명확히 규정했다. 2년여 동안 〈기업소득세법〉 및 실시조례를 적용해 외자 및 외국기업에게 세금을 부과하는 과정에서 각 지역의 세무기관과 납세자는 해결이 시급한 문제들에 직면했다. 이로 인해 2011년 4월 중국 국가세무총국은 〈비주민(非居民)기업 소득세 관리 문제에 관한 공고, 이하 '공고')〉를 발표해 관련 문제에 대해 해답을 내놓았다.

중국의 현 세수 법규는 기업을 주민기업과 비주민기업 두 종류로 구분해 각기 다른 방식으로 관리하고 있다. 비주민기업이란 '외국(지역)법에 따라 설립 중국 내에 실제 관리기구는 없지만 기구·장소(사업장)를 설립한 기업, 혹은 중국에 기구를 설립하지는 않았어도 중국에서 소득을 취득한 기업'을 말한다. 비주민기업에 대한 세금부과는 다음과 같다.

Ⅰ. 세금부과 범위

1. 중국 내에 기구를 설립한 경우 설립한 기구가 중국 내에서 취득한 소득과 국외에서 발생했으나 이들 기관과 실질적으로 연관성이 있는 소득에 대해 기업소득세를 납부해야 한다. 이때 소득세 세율은 25%이다. 예를 들어 2011년 8월 한자(韓資)기업인 A기업이 중국 역내에 사무소를 설립했다. 이 사무소는 해당 기업의 제품을 중국 내륙, 말레이시아, 싱가포를 등지에 판매하는 것을 담당했다. 2011년 중국 내륙에서의 판매총액은 2,000만 위안이었다. 말레이시아, 싱가포르에서의 판매액은 1,000만 위안이었다. 신규 법률에 따라 이 3,000만 위안의 소득은 모두 중국 법률에 따라 기업소득세를 납부해야 한다.

2. 중국 내에 기구를 설립하지 않았거나 기구를 설립했으나 소득이 이들 기구, 장소와 실질적으로 연관성이 없는 경우 중국 내의 소득에 한하여 기업소득세를 납부한다. 이때 소득세 세율은 20%이며 10%의 세율로 인하해 기업소득세를 부과할 수도 있다. 예를 들어 상술한 A기업은 한국에서 수입이 있다. 그러나 이 소득이 중국 역내의 사무소와 실질적인 관계가 없을 경우 중국에서 세금을 납부할 필요가 없다. 또한 다음의 소득에 대해서는 기업소득세를 면제받을 수 있다.

(1) 외국정부가 중국정부에 제공한 대출금에 대한 이자 소득
(2) 국제금융기관이 중국정부나 주민기업에 제공한 대출금에 대한 이자 소득
(3) 국무원의 승인을 받은 기타 소득

Ⅱ. 납부지점

1. 비주민기업이 중국 내에 기구를 설립하지 않았거나 기구를 설립했으나 소득이 이 기관과 실질적으로 연관성이 없는 경우 그 소득은 원천징수의무자의 소재지를 납세지점으로 한다. 원천징수의무자가 법에 따른 원천징수를 이행하지 않았거나 원천징수 의무를 이행할 수 없는 경우 납세자의 소득발생지에서 납세한다. 중국 내 여러 지역에서 소득이 발생한 경우 납세자가 그 중 한 지역을 선택해 기업 소득세 납부지로 신고한다.

2. 비주민기업이 중국 내에 기구를 설립한 경우 기구의 소재지를 납세지점으로 한다. 비주민기업이 중국 내에 2개 또는 2개 이상

지역에 기관을 설립한 경우 세무기관의 심의와 승인을 거쳐 주요 기관을 선택해 기업소득세를 종합해 납부할 수 있다. 예를 들어 A기업이 베이징에 사무실을 설립했으면 베이징에 납부해야 한다. 베이징과 상하이에 사무소를 설립했고 둘 다 똑같은 주요 사무소라면 세무기관의 비준을 거쳐 베이징이나 상하이를 선택해 납부할 수 있다.

Ⅲ. 납세액 확정

1. 중국에 기구를 설립한 비주민기업

장부검사를 기초로 소득세를 납부하는 비주민기업은 총수입에서 공제해야 할 금액을 제하고 소득세를 납부한다. 소득조사를 통해 기업소득세를 납부하는 기업은 소득액과 일정한 확정 이윤률을 기초로 납부할 소득액을 계산한다. 지출한 경비로 소득을 환산하는 기업은 먼저 지출한 경비로 소득을 환산하고 다시 일정한 확정 이윤률로 납부할 소득액을 계산한다.

2. 중국에 기구를 설립하지 않았지만 중국에서 소득이 발생한 경우 다음의 방법에 따라 납세할 소득액을 계산한다.

(1) 주식 배당금, 이익 배당금 등 권익성 투자수익과 이자, 임대료, 특허사용료 등의 소득은 소득총액을 납세할 소득액으로 규정한다.

(2) 재산양도소득은 소득총액에서 자산의 순가치를 제외한 금액을 납세할 소득액으로 계산한다.

(3) 기타소득은 앞의 2가지 항목에서 규정한 방법을 참고해 납세할 소득액을 계산한다.

Ⅳ. 〈공고〉에서 명확히 한 문제

1. 담보액에 대한 세무처리

비주민기업이 중국 국내기업과 대출, 매매, 화물운송, 가공위탁, 임대, 공사하청 등의 경제 활동을 할 때 비주민기업은 담보를 제공하고, 중국 국내기업이 부담을 지거나 담보액이나 비슷한 성격의 비용을 지불하는 문제가 발생한다. 이에 대해 〈공고〉에서는 다음의 3가지 문제에 대해 명확히 규정하고 있다.

(1) 고지한 담보액 및 그 비슷한 성격의 비용 범위를 적용한다.

(2) 비주민기업이 취득한 중국 국내기업, 기관 또는 개인이 부담하거나 지불한 담보액 혹은 비슷한 성격의 비용은 중국 국내에서의 소득에 포함되므로 중국에서 기업소득세를 납부할 의무가 있다.

(3) 상기 담보액에 대해서는 이자소득과 같은 기업소득세 세율을 적용한다. 상술한 A기업의 예를 들어보자. 한국 본사가 중국 모 기업에게 담보증을 발부해 다른 기업의 이행 행위를 담보하고 일정한 담보비용을 받았다면 해당 담보비용은 당연히 중국에서 납세해야 한다.

2. 토지사용권 양도소득에 관한 과세

(1) 납세 의무를 명확히 한다. 비주민기업이 중국 국내 토지사용권

을 양도하고 취득한 수익은 기업소득세법 규정 중 재산양도소득에 포함되므로 중국에서 납세할 의무가 있다.

(2) 원천징수 의무가 있다. 상술한 소득을 취득한 비주민기업이 중국 내에 기구를 설립하지 않았거나 기구를 설립했으나 토지사용권 양도수익이 그 기구와 연관성이 없는 경우 토지사용권을 양도받은 측, 지불인이 지불할 때에 기업소득세 원천징수를 이행한다.

(3) 과세소득액을 명확히 한다. 〈공고〉에서는 토지사용권 양도의 특수성을 고려해 토지사용권 양도소득에 대한 계산법을 규정하고 있다. 즉 비주민기업이 취득한 토지사용권 양도소득 전액에서 토지사용권 과세표준을 제한 후의 잉여액을 납세해야 할 소득으로 계산한다고 규정하고 있다. 토지사용권에 대한 과세표준은 비주민기업이 토지사용권을 취득할 때 실제로 발생한 지출이나 원래의 양도대금으로 이해할 수 있다.

3. 국세서한[2009] 698호 문건 적용

국가세무총국의 [2009] 698호 문건인 〈비주민기업 지분양도소득에 대한 기업소득세 관리 강화에 관한 통지(이하 '통지')〉 집행 과정 중 더욱 명확히 해야 할 필요가 있는 문제들에 대해 〈공고〉는 다음과 같이 규정했다.

(1) 소득발생시기를 명확히 했다.

비주민기업이 중국 국내 주민기업의 지분을 직접 양도하면서 지분양도 계약서나 협의 약정에서 분할 지불방식을 채택했다면 계약서나 협의가 발효되고 지분 변경수속이 완성되는 시점을 소득

발생시기로 확정한다. 다시 말해 계약서나 협의가 발효되지 않았고, 지분변경 등기수속이 처리되기 전에는 분할지불이 발생해도 비주민기업이 지분양도소득을 취득했다고 확정할 수 없다. 예를 들어 2011년 9월 10일 A기업은 C기업과 지분양도협의를 체결하고 A기업이 보유한 중국 B기업의 지분을 C기업에게 양도하기로 약정했다. 양도금은 두 번에 나눠 분할지급하기로 하고 첫 번째 대금지급일은 2011년 9월 17일, 두 번째 대금지급일은 2012년 1월 10일이라고 약정했다. 2012년 9월 17일 C기업은 약정된 대금을 A기업에 지급했다. 양측이 지분양도 협의를 맺었지만 변경 수속을 완료하지 않았기 때문에 9월 17일 지분양도소득을 취득했다고 할 수 없다.

(2) '공개증권시장에서 중국 주민기업의 주식을 매입하고 매도할 수 있는 범위'를 명확히 했다.

비주민기업의 주식 매입·매도 과정에 관계되는 요소, 즉 교역대상, 수량, 가격 등 어느 한 가지에 대해서라도 매매 쌍방이 사전에 약정했다면도 공개증권시장의 통상적인 교역규칙을 통한 주식매매행위로 볼 수 없으므로 〈통지〉의 규정을 적용한다.

(3) 비주민기업의 지분 간접양도 규정에 관한 문제를 명확히 했다.

① 〈공고〉는 〈통지〉 중 '해외 투자자'에 대한 정의를 내렸다. 해외투자자란 중국 주민기업의 지분을 간접 양도하는 모든 투자자를 뜻한다. 즉 비주민기업이 중국 주민기업의 지분을 간접양도할 경우 간접통제하던 중국 주민기업에 대한 보유지분 비율과 관계없이 모두 〈통지〉의 5, 6, 8규정을 적용받는다.

② 〈제24호 공고〉는 〈통지〉 5조에서 언급한 '실제 조세부

담'과 '소득세 비징수'에 대한 범위를 정했다. '실제 조세 부담'은 지분양도소득에서 실제로 부담해야 하는 세금이며 '소득세 비징수'는 지분양도소득에 대해 기업소득세를 부과하지 않는 것을 뜻한다.

허위광고 단속이 강화되면서 광고주와 제작자, 연예인의 책임도 무거워졌다. 허위광고 범위 및 처벌 등에 대해 알아본다.

허위광고 관련 법률

[사례]

2008년 10월 13일 충칭(重慶)의 황 모씨는 모 분유회사, 판매업체, 제품 광고모델을 상대로 1만여 위안의 소송을 제기했고 위중(渝中)구법원 제18법정에서 재판이 시작됐다. 원고는 해당 업체에서 생산·판매한 영유아용 분유 품질에 문제가 있어 이 분유를 먹은 9개월된 자신의 딸이 설사 등 증세를 보였다고 주장했다. 또 해당 제품의 광고모델에 대해 "광고에서 '전문 생산, 품질 보증, 브랜드 상품으로 안심할 수 있다. 믿을 수 있고 실속있는 상품'이라고 말해 소비자를 오도했으므로 일정한 책임이 있다"고 말했다. 원고는 해당 분유 생산업체, 판매업체, 광고모델이 의약비 3,000위안, 결근

비 1,000위안, 정신적피해보상금 1만 위안 보상하도록 하라고 법원에 요청했다. 이 사건은 합의로 해결됐다.

2009년 말 중국의 유명 코미디언 허우야오화(侯耀華)가 광고에 출연한 10개의 약품광고가 관련부처로부터 허위광고라는 결정을 받았다. 이어 중국상업연합회는 위법혐의가 있는 TV광고 20개를 발표했다. 이들 광고에는 중국의 유명한 아나운서인 자오중샹(趙忠祥), 코미디언 탕제중(唐杰忠), 마오쩌둥(毛澤東) 역을 맡은 리쉐밍(李學明)이 출연한 광고들이 포함되면서 삽시간에 유명 연예인들의 허위광고 출연이 논란으로 떠올랐다. 많은 사람이 유명 연예인들의 직업의식, 도덕성, 신용도 및 공신력에 대해 의문을 표하며 거액의 광고수익을 노린 유명 연예인들이 자신의 인기를 이용해 소비자들을 오도, 소비자의 재산과 건강에 해를 끼치게 했다고 비난했다. 사람들은 또 연예인들이 허위광고에 출연한 것에 상응하는 책임을 물어야 한다고 주장했다.

한·중 문화교류가 심화됨에 따라 수많은 한국의 연예인들이 영화나 드라마를 통해 중국 사람들의 시선을 끌고 있으며 일부는 중국 젊은 세대들의 사랑을 받고 있다. 중국의 광고주들도 한국 연예인들을 초청하여 중국제품의 광고에 출연시키고 있다. 김희선의 TCL휴대폰 광고, 송혜교의 부부가오(步步高) MP3 광고, 이수원의 꿀 광고 등이 대표적인 예다. 스타가 광고하는 제품은 의료, 약품, 보건식품, 화장품, 미용 등이 주를 이루는데 이러한 품목은 우리의 일상생활과 밀접한 관련이 있는 것으로 스타들의 호소력은 사람들의 구매욕을 불러 일으킨다. 특히 TV광고는 제품에 대한 전문지식과 분별력이 약한 소비자들까지 모두 접하게 된다. 그렇다면 소비자 권익 보호를 위해 정부는 어떤 조치를 취해야 할까?

이와 관련해 일부 선진 국가의 사례와 제도를 엿볼 수 있다. 선진국은 스타의 광고출연에 대해 매우 엄격한 제한을 두고 있다. 예를 들어 미국에서는 광고출연의 성격을 '증인광고'로 정하고 있다. 광고내용이 사실과 부합해야 하며 그렇지 않을 경우 허위광고로 간주한다. 영국에서도 광고 중의 허위적인 묘사를 법정증거로 처리할 수 있다. 이들 사례를 통해 스타의 광고출연에 대한 단속이나 규범은 사회의 발전에 꼭 필요한 것이라는 점을 알 수 있다. 따라서 중국도 허위광고를 엄격하게 관리·감독해야 한다. 우선 시장경제 건설 중 스타의 광고출연을 규제할 수 있는 법적 기틀을 반드시 마련해야 한다. 즉 스타로 하여금 광고출연 전 기업자질, 제품품질, 성능, 효과 등 기본적인 내용에 대해 이해하도록 해야 한다. 홍보내용이 제품의 실제와 일치하도록 주문해야 하며 만약 제품이 문제가 생겨 소비자들에게 손해를 끼쳤을 경우 상응한 책임을 물게 해야 한다.

중국에서 허위광고에 적용하는 법률로는 〈민법통책〉, 〈계약법〉, 〈광고법〉 등이 있다.

〈민법통책〉은 자연인과 법인 간의 재산관계와 인신(人身)관계를 정립하는 법률이다. 스타의 광고출연은 스타와 광고주 간의 계약을 통해 이루어진다. 그러나 연예인이 출연한 광고가 소비자의 재산 및 신체에 악영향을 끼쳤을 경우 스타와 소비자 사이에 배상문제가 발생할 수 있다. 〈민법통책〉 106조에는 '개인, 법인이 계약을 위반하였을 경우 혹은 기타 의무를 집행하지 않을 경우 민사책임을 져야 한다'고 규정하고 있다. 또 103조에는 '2인 이상이 함께 타인의 피해를 초래했을 경우 연대책임을 져야 한다'고 명시하고 있다. 이들 규정은 연예인 전속모델이 계약을 위반하거나 의무를 이행하지 않았을 경우 상응한 책임을 져야 한다고 밝히고 있다. 또 연예인 전속모델이 자신의 잘못으로 국가, 단체, 타인의 재산이나 신체에 손해를 끼쳤을 경우 스타는 상응한 책임을 물어야 한다고 규정하고 있다. 만약 스타와 타인, 혹은 기업과 공동 출연한 광고가 소비자에게 피해를 주었을 경우 스타는 연대책임을 져야 한다. 이들 법률 규정은 중국이 스타 광고출연 관리감독에 대한 법적 근거를 마련하고 있음을 보여주는 것이다. 〈민법통책〉에서 언급하고 있는 것은 일반 민사행위로, 스타의 광고출연은 이 범주에 속한다.

〈광고법〉 38조는 '본 광고법의 규정을 위반하고 허위광고를 배포하여 소비자를 기만하거나 오도하여 상품이나 서비스를 구매한 소비자들의 권익에 손해를 끼쳐서는 안 된다. 이를 어길 경우 광고주는 법에 따라 민사책임을 지며 광고경영자, 광고배포자가 광고의 허위성을 사전에 알고 있었음에도 불구하고 계속해서 설계, 제작, 발표했을 경우에는 응당 연대책임을 져야 한다. 광고경영자, 광고배포자가 광고주의 이름, 주소를 제공할 수 없을 경우 응당 모든 민사책임을 져야 한다. 사회단체 혹은 기타조직이 광고 중에서 소비자들에게 제품 혹은 서비스를 추천하여 소비자의 합법적인 권익에 손해를 끼쳤을 경우 연대책임을 져야 한다'고 규정하고 있다.

〈광고법〉은 주로 광고경영자와 광고배포자의 허위광고에 대한 책임추궁을 하고 있다. 광고경영자와 광고배포자는 광고의 제작과 발표를 통해 광고비용을 받는다. 만약 이들의 허위광고에 대해 엄격한 규제를 하지 않으면 자신의 이익을 위해 허위광고란 사실을 알고 있으면서도 계속해서 이를 배포하는 후유증을 초래할 수 있다. 〈광고법〉은 그러나 지금까지 스타의 광고출연에 대해서는 명

확한 규제를 하지 않았다.

2009년 2월 28일 중국 11기 전인대 상무위원회 7차 회의에서 〈식품안전법〉이 통과됐다. 〈식품안전법〉 55조에는 '사회단체 혹은 기타조직, 개인이 허위광고로 소비자에게 식품을 추천하여 이로 인해 소비자의 합법적인 권익이 침해당했을 경우 사회단체 혹은 기타 조직은 식품생산자와 함께 연대책임을 져야 한다'는 내용이 담겼다. 이는 중국의 관련 부처에서 처음으로 법률을 빌려 스타들의 광고출연에 대한 감독관리를 명확히 한 것이다. 〈식품안전법〉 출범은 중국정부가 스타의 식품 광고출연에 대한 감독과 관리를 강화하고 있다는 것을 의미한다. 소비자 역시 스타가 출연한 허위식품광고로 손해를 보았을 경우 스타에 책임을 물을 수 있는 확실한 법률적 근거를 갖게 됐다.

식품분야 허위광고가 특히 주목 받게 된 원인은 식품이 소비자와 가장 밀접한 관계가 있기 때문이다. 식품안전과 품질은 소비자의 건강과 생활, 사회안정과 직결된다. 식품안전은 식품 섭취 바로 확인이 가능하므로 스타는 최소한의 의무만 다하면 된다. 〈식품안전법〉이 마련된 것은 멜라민 분유사건이 터진 후다. 당시 중국 최고의 스타로 손꼽히는 덩제(鄧婕), 니핑(倪萍)이 멜라민 분유 광고에 출연해 사회에 큰 해를 입히는 데 동조했다는 인식이 커지면서 정부의 주목을 받았고, 정부 관리감독의 필요성과 폭이 확대됐다.

그러나 단지 스타의 식품광고출연 규제 및 관리만으로는 부족하다. 11기 전인대 상무위원회는 입법계획에 〈광고법〉 수정안을 포함했다. 국가공상총국 등 관련 부처에서 광범위한 연구와 조사 끝에 수정안을 국무원 법제사무실에 제출한 상태다. 수정안은 스타의 광고출연을 광고행위 주체로 간주하고, 이들이 출연한 허위 광고에 대한 법률적 책임에 대해 명시했다. 전문가들은 이 조항에 '사회단체, 기타조직 혹은 자연인이 허위광고로 소비자에게 상품이나 서비스를 추천해 소비자의 합법적인 권익에 손해를 끼쳤을 경우 제품의 생산경영자와 연대책임을 져야 한다'는 내용을 추가해 줄 것을 건의했다.

해상화물운송 등 국제 간 화물운송 대행 관련 분쟁발생 시의 책임 소재 및 의무에 대해 알아본다.

국제화물운송대행 관련 법률

국제화물운송대행업이란 수출입 화물 수령인, 발송인과 기타 위탁자 또는 그 대행인의 위탁을 받아 위탁인 명의 또는 자신의 명의로 국제간 화물운송 및 관련 업무를 하는, 국제 화물물류서비스를 제공하는 업종이다. 국제무역의 중요한 부분으로, 국제화물운송대행은 리스크가 크고 노선이 길며 방식이 다양하고 국경을 넘나든다는 특징이 있다.

수십 년의 발전을 거쳐 중국 국제화물운송대행업도 기본적인 규모를 갖추게 됐다. 그러나 화물운송대행 업체 수가 빠르게 증가하면서 문제도 나타났다. 무질서한 시장경쟁, 규범 없는 경영은 물론 심지어 불법으로 화물대행업을 하는 경우도 발생했다.

2012년 2월 27일 중국 최고인민법원은 〈해상화물운송대행 분쟁 안건 심리 시 약간 문제에 관한 규정(이하 '약간 규정')〉을 발표, 5월 1일부터 정식 시행에 들어갔다. 이 규정은 해상화물운송대행 분쟁 관련 안건을 심의하고 조정하기 위해 마련됐다.

Ⅰ. 중국 현행 법률법규 중 관련 규정

1. 〈민법통칙〉

〈민법통칙〉 63조는 '공민, 법인은 대리인을 통해 민사법률 행위를 할 수 있다. 대리인은 대리권한 내에서 피대리인 명의로 민사법률 행위를 할 수 있고, 피대리인은 대리인의 대리행위에 대해 민사책임을 진다. 그 중 법률규정에 따라 또는 당사자 쌍방의 약정에 따라 본인이 해야 할 민사법률 행위는 대행할 수 없다'고 규정했다.

국제화물운송대행에서 위탁인과 화물운송 대리인 관계는 일종의 위탁관계로, 화물운송 대리인은 자신의 전문적인 지식과 업무 경험을 이용해 위탁인의 명의로 화물운송 관련 업무를 진행한다. 이것은 사실 일반대행의 특징을 지닌다. 따라서 실제 상황에서 법원은 국제화물운송대행 계약분쟁을 심리할 때 통상적으로 〈민법통칙〉 중 위탁대행 규정에 따라 화물운송대행기업의 법적 지위를 판단한다. 그러나 화물운송대행 중 대리인이 독립된 법인주체로서 마땅히 져야 할 책임과 위험은 일반 민사 대리인이 져야 할 위험과 책임보다 크다. 과실이 없어도 일부 특수한 책임을 져야 할 수 있다. 또한 업계 관례에 따라 화물운송대리인은 익명이나 자신의 명의로 대행활동에 종사할 수 있다. 이는 〈민법통칙〉의 일반 대행인이 갖지 않는 특징이다.

2. 〈계약법〉

〈계약법〉에는 2가지 유명(有名)계약이 있다. 운송계약(주로 화물운송 계약)과 위탁계약으로 해상화물운송대행과 비교적 밀접한 관계가 있다. 실제 상황에서 법원은 이 2가지 계약의 특징을 고려해 해상화물운송대행 분쟁을 처리한다. 〈계약법〉 402조는 익명대행에 관해 규정했다. 이 규정에 따라 화물운송대리인이 화물주의 위탁을 받아 화물주에게 위임받은 권한 범위 내에서 선주와 계약을 맺을 때, 선주가 계약 체결 시 화주와 화물운송대리인 간에 대행관계가 있음을 알았다면 해당 계약은 화물주와 선주에 대해 직접적인 구속력을 갖는다. 403조는 제3자의 권리의무 관계를 규정했다. 이에 따라 국제화물운송 대리인은 피해 측에 대한 손해배상 책임을 지지 않거나 경감 받을 수 있는 동시에 피해책임이 있는 측에 배상을 요구할 수 있다. 이는 국제화물운송 대리인과 위탁인, 제3자 간의 권리의무 관계를 동등하게 한 것이다.

3. 기타

〈해상법(海商法)〉 47조, 48조는 송하인, 운송인의 책임을 규정하고 있고, 51조는 운송책임기간에 대해 명시하고 있다. 〈해상법〉의 책임기간에 대한 규정이 강조하는 것은 '화물이 운송인의 관리하에 있을 때'지만 송하인과 운송인의 협의를 통해 운송인의 책임기간을 확대하는 것을 배제하지 않는다.

이 밖에 중국의 화물운송대행업 관련 현행 주요 법규는 다음과 같다. 중국 대외경제무역부가 1991년 7월 1일 발표한 〈국제화물운수대행업 관리에 관한 규정〉은 총 28조로 구성돼 있다. 국제화물운송대행업체 개념, 경영조건, 업무범위, 심사비준 과정, 대행기업의 책임과 권익, 규정위반 시 처벌 등의 내용이 담겨 있다. 국무원이 1995년 6월 6일 발표한 〈국제화물운수대행업 관리 규정〉과 시행세칙, 2001년 12월 11일 발표한 〈국제해운조례〉와 시행세칙 등도 있다. 최근 들어 해상운송대행 관련 분쟁이 증가하면서 법원에 접수되는 안건도 크게 증가했다. 따라서 분쟁 심리를 지도하는 사법해석 마련이 시급하다.

Ⅱ. 〈해상화물운송대행 분쟁 안건 심리 시 약간 문제에 관한 규정〉 주요 내용

1. 〈계약법〉과 〈민법통칙〉이 적용되는 상황

(1) 〈약간 규정〉 15조에 따라 연안, 내륙 하천 화물운수 관련 화물운송대행 분쟁 안건은 〈약간 규정〉의 적용을 받지 않고 〈민법통칙〉과 〈계약법〉 등에 따라 처리한다.

(2) 〈약간 규정〉 2조에 따라 인민법원은 해상화물운송대행 분쟁 안건 심리 시 분쟁이 대행, 운수, 창고 등 다른 법률 관계라고 판정되면 각각 관련 법률 규정에 따른다. 즉 〈계약법〉, 〈민법통칙〉을 적용해 처리한다.

(3) 〈약간 규정〉 6조는 '행위인이 대행권이 없고, 월권하거나 대행권이 끝난 후에 피대행인 명의로 계약을 맺었지만 상대인이 쌍방의 거래 관례에 따라 행위인이 피대행인을 대표하여 해상화물운송대행 계약을 체결할 권리가 있다고 믿어 계약이 성립됐다고 주장하

는 것에 대해 인민법원은 〈계약법〉 49조 규정에 따라 이를 인정한다'고 명시하고 있다.

2. 위탁법률관계 세부 규정

〈계약법〉의 위탁계약규정을 해상화물운송대행 계약관계에 적용하면 지나치게 원칙적이어서 〈약간 규정〉은 해상화물운송대행 계약에서 나타나는 전형적인 문제에 대해 더 명확하고 세부적으로 규정했다.

위탁이전에 대해 〈약간 규정〉 5조는 위탁이전 금지원칙을 명시했다. 위탁이전권한을 명확하게 약정하거나 위탁인이 위탁이전을 받아들이겠다는 의사를 분명히 밝혔을 때만 위탁이전이 유효하다. 위탁인이 위탁이전을 반대하지 않았기 때문에 위탁이전이 유효하다는 대리인의 주장은 인민법원은 인정하지 않는다.

책임부담증거 제시에 대해 〈약간 규정〉은 과실추적원칙을 채택했다. 10조는 '화물운송대행기업이 해상화물운송대행 업무를 하다가 위탁인에게 손실을 가져왔다는 것을 이유로 화물운송대행기업이 상응하는 배상책임을 져야 한다는 위탁인의 주장에 대해 인민법원은 이를 인정한다'고 규정했다. 규정은 또 '단, 화물운송대행기업이 과실이 없다는 것을 증명하면 예외로 한다. 따라서 화물운송대행기업이 과실이 없다는 것을 증명하지 못하면 손실에 대해 배상책임을 져야 한다'고 명시하고 있다.

3. 기타 규정

〈약간 규정〉 3조에 따라 해상화물운송대행 계약관계 성립 여부를 확정하는 것은 서면계약에서 약정한 권리의무의 성격에 따른다. 또한 화물운송대행기업이 받은 보수의 명의와 방식, 영수증 발행 종류와 납입금 항목, 당사자 간의 거래관례 및 실제 계약 이행 상황 등을 종합적으로 고려한다.

〈약간 규정〉 7조는 '해상화물운송대행기업은 관련서류를 차압해 위탁인에게 관련 비용지불을 요구할 수 있다'고 규정했다. 해당 조항은 또 '단, 국제무역의 정상적인 질서에 중대한 영향을 미치는 서류는 차압을 금지한다. 예를 들어 선하증권, 해상화물운송장 등이다'고 덧붙였다.

〈약간 규정〉 14조에 따라 무(無)선박 운송업무 영위 자격이 없는 화물 운송 대행 기업이 중국 〈국제해운조례〉 규정을 위반하고, 자신의 명의로 선하증권, 해상화물운송장 또는 기타 운송서류를 발행한 것이 발견되면 인민법원은 교통 주관 부처에게 처벌을 건의할 수 있다.

중국은 중국 내 외국인취업자의
사회보험 가입을 의무화했다.
사회보험 가입 절차 및 혜택 등에
대한 이해를 통해 동등한 근로권익을
보장받을 수 있다.

〈중국 내 외국인취업자의 사회보험 가입 임시시행 방법〉 등

최근 중국과 외국의 경제 문화 교류가 활발해지고 다국적 기업이 빠르게 성장하면서 중국에서 취업하는 외국인 수도 늘고 있다. 중국정부는 일련의 법률을 마련, 중국에서 취업한 외국인의 합법적인 권익 보호에 나섰다.

중국 최초로 중국 내 외국인의 사회보험 가입을 규정한 지역은 장쑤(江蘇)성 쑤저우(蘇州)시다. 쑤저우 공업단지 개발 이후 외국인과 타이완(台灣), 홍콩(香港), 마카오(澳門) 사람들의 취업이 증가하자 2005년 6월 14일 쑤저우시는 〈외국인, 화교, 타이완·홍콩·마카오주민의 사회보험 가입에 관한 통지(이하 '통지')〉를 발표했다. 〈통지〉는 '외국인 취업증, 화교귀국 취업증, 타이완·홍콩·마카오주민 취업증을 신청하고, 중국정부 및 장쑤성에서 규정한 퇴직연령 미달이며 쑤저우시에서 일하는 외국인, 화교, 타이완·홍콩·마카오 주민이 중국 국내기업과 근로계약을 맺었을 경우 규정에 따라 기업소재지에서 양로보험, 의료보험, 산재보험에 가입할 수 있다'고 규정했다. 예를 들어 한국 국적의 직원 박 모씨는 쑤저우 산업단지에 위치한 A기업과 근로계약을 맺고, 해당 기업의 엔지니어로 일했다. A기업에서 정식으로 일을 시작하면 박 모씨는 쑤저우 산업단지 소재지에서 양로보험, 의료보험 및 산재보험에 가입할 수 있다.

같은 해 8월 12일 쑤저우시 하이테크신기술단지의 외국 국적 직원 2명이 처음으로 보험에 가입했다. 보험 가입 이후 외국 국적 직원은 보험카드를 들고 지정 의료기관에서 진찰을 받을 수 있게 됐고 국내직원과 동등하게 양로, 의료, 산재보험 혜택을 누리게 됐다. 2008년 4월 24일 톈진(天津)시는 〈외국인, 타이완·홍콩·마카오주민의 사회보험 가입규정〉을 발표하고 외국인과 타이완·홍콩·마카오 인력과 그들이 근로계약을 맺은 기업이 국가 및 톈진시의 관련 규정을 참고해 사회보험에 가입, 보험 혜택을 누릴 수 있도록 했다. 비(非)정규직에 종사하는 외국인과 타이완·홍콩·마카오주민도 톈진시 비정규직노동자 사회보험 가입 관련 규정에 따라 사회보험에 가입해 관련 혜택을 누리도록 했다. 비정규직 노동자란 비(非)전일제, 임시, 탄력근무 등 비정규 형식으로 취업한 노동자를 말한다. 취업대기자, 퇴직자, 실업등록을 한 미취업자, 개인노동 종사자, 경제조직 자영업자 등이 포함되는데 예를 들어 프리랜서, 변호사, 자유기고가, 가수, 모델, 중개서비스업 종사자 등이다.

2011년 7월 1일 중국은 〈사회보험법〉을 마련했다. 이 법 97조는 '중국 내에서 취업한 외국인은 본 법의 규정을 참조해 사회보험에 가입할 수 있다'고 규정하고 있다. 이 법은 중국에서 취업한 외국인의 사회보험 가입에 명확한 법률적 근거를 제시했지만 구체적인 방법과 세칙은 규정하지 않았다. 중국 내 외국인 취업자의 사회보험 가입을 지도하기 위해 중국 국무원 인력자원 및 사회보장부는 2011년 9월 6일 〈중국 내 외국인취업자의 사회보험 가입 임시시행 방법(이하 '사회보험 임시시행 방법')〉을 발표하고 2011년 10월 15일부터 정식 시행했다.

타국에서 취업한 외국인이 해당국의 사회보험에 가입하는 것은 국제적으로 보편적인 원칙이자 관례다. 중국은 법률법규를 제정할 때 독일의 선례와 경험을 참고해 국내에 취업한 외국인 사회보험 가입에 관한 두 가지 기본 원칙을 정했다. 첫째, 사회보험 강제가입 원칙이다. 즉 법률법규 규정에 부합하는 기업 및 외국인은 법에 따라 보험에 가입하고 납입 의무를 이행해야 한다. 둘째, 국민대우 원칙이다. 가입한 보험 종류, 납입액, 혜택 등에서 중국 국민과 같은 권리와 의무를 지닌다.

Ⅰ. 적용범위

〈사회보험 임시시행 방법〉 2조에서는 국내에서 취업해 사회보험 가입이 필요한 외국인의 범위를 규정했다. 법에 의거 외국인취업증, 외국전문가증(外國專家證), 외국상주기자증(外國常駐記者證) 등 취업증과 외국인거류증 취득자, 외국인 영구거류증 보유자, 중국 내에서 합법적으로 취업한 비중국 국적 인력이 포함된다.

관련 법에 따라 외국인의 중국 내 취업에는 두 가지 형식이 있다.

1. 외국인이 중국 내에 있는, 법에 의거 등록 또는 등기된 기업, 사업단위, 사회단체, 민간 비(非)기업기관, 기금회, 법률사무소, 회계사무소 등에 법에 의거 채용되는 경우
2. 외국인이 해외고용주와 고용계약을 맺고 중국 내에 등록 또는 등기된 지사, 대표기관에 파견됐을 경우.

이때 주의해야 할 점은 〈사회보험 임시시행 방법〉 9조에 따라 한 나라 또는 여러 나라와 중국 간에 사회보험에 대한 양자 간 또는 다자 간 협의를 맺었을 경우 해당 국가 국적의 인력이 중국 국내에서 취업하면 〈사회보험 임시시행 방법〉을 적용하지 않고 중국과 체결한 사회보험의 양자 간 또는 다자 간 협의 규정에 따라 처리한다. 예를 들어 중국에서 취업한 독일인은 2002년 발효된 〈중화인민공화국과 독일연방공화국 사회보험 협정〉에 근거, 독일 내 양로보험과 실업보험 처리기관이나 연방 직원보험국이 작성한 보험가입 증명을 제출하면 중국에서 양로보험과 실업보험을 납입할 필요가 없다.

Ⅱ. 보험 종류

〈사회보험 임시시행 방법〉 3조, 4조에 따라 중국에서 취업한 외국인은 근로자 사회보험에 가입해야 한다. 즉 근로자 기본양로보험·근로자 기본의료보험·산재보험·실업보험·출산육아보험에 가입하고, 사회보험료는 고용기관이나 국내 사업기관이 중국 내에 취업한 외국인 본인과 규정에 따라 납부해야 한다. 또한 〈사회보험

임시시행 방법〉은 고용기관과 국내 사업기관이 외국인 취업증명서 처리 이후 30일 내에 사회보험에 가입해야 한다고 규정했다.

사회보험 처리기관은 〈외국인 사회보장번호 부여 규칙〉에 따라 외국인을 위한 사회보장 번호를 만들고 중화인민공화국 사회보장 카드를 발급한다. 해외 고용주에 고용돼 중국 국내 사업기관에 파견되어 일하는 외국인들은 국내 사업기관이 규정에 따라 사회보험 등록을 해야 한다. 법에 따라 외국인 취업증명을 처리하는 기관은 외국인의 중국 내 취업 관련 정보를 현지 사회보험 처리기관에 제때 통보해야 한다. 사회보험 처리기관은 관련 기관에 정기적으로 외국인 취업증명 처리상황을 문의해야 한다.

Ⅲ. 사회보험 혜택

〈사회보험 임시시행 방법〉 5조는 사회보험에 가입한 외국인이 조건에 부합하면 법에 의거 사회보험 혜택을 누릴 수 있다고 규정하고 있다. 즉 중국 내에서 취업한 외국인이 규정된 양로금을 받을 연령이 되기 전에 중국을 떠나면 사회보험 개인계좌는 유지되고, 중국에서 재취업할 경우 납부기한이 누적돼 계산된다. 본인이 서면으로 사회보험 관계 중지를 신청했을 경우 사회보험 개인계좌의 납부액은 본인에게 일시불로 지급한다. 또 〈중화인민공화국 사회보험법 시행 약간 규정〉에서는 개인이 법정 기본양로금 수령을 위한 법정 조건에 도달하기 전에 중국을 떠나 거주할 경우 해당 개인의 양로금 계좌는 유지되고, 법정 수령 조건에 도달한 뒤 국가규정에 따라 상응하는 양로보험 혜택을 받을 수 있다고 규정하고 있다. 이 문제에 대한 양자의 규정은 일치한다.

〈사회보험 임시시행 방법〉 6조에서는 중국 내에 취업한 외국인이 사망할 경우 사회보험 개인계좌의 잔액은 법에 따라 상속 가능하다고 명시돼 있다. 〈중화인민공화국 사회보험법 시행 규정〉도 근로자 기본양로보험에 가입한 개인이 사망하면 개인계좌의 잔액은 법에 의거 전액 상속할 수 있다고 규정했다. 이 문제에 대한 양자의 규정은 일치한다.

동시에 〈사회보험 임시시행 방법〉 7조에서는 중국 내에서 취업한 외국인은 역외에서 중국 사회보험을 수령할 수 있지만 지급을 담당하는 사회보험 처리기관에 매년 재외 중국 대사관, 공사관, 영사관이 작성한 생존 증명이나 거주국 관련 기관이 공증, 인증하고 재외중국대사관, 공사관, 영사관이 인증한 생존증명을 제출해야 한다고 규정했다. 합법적으로 입국한 사람은 사회보험 처리기관에 스스로 생존상황을 증명하면 생존 증명을 제출할 필요가 없다.

Ⅳ. 사회보험 분쟁 처리

〈사회보험 임시시행 방법〉 8조에서는 중국 내에 취업한 외국인과 고용기관, 국내 사업기관 사이에 사회보험으로 인한 분쟁이 발생했을 경우 조정·중재·소송을 할 수 있다고 명시되어 있다. 사회보험 권익을 침해받았을 경우 중국 내에서 취업한 외국인 역시 중국 사회보험 행정부처나 사회보험료 징수기관에 처리를 요구할 수 있다.

중국 〈민사소송법〉, 〈노동법〉, 〈노동계약법〉은 모두 외국인의 관련 조정, 중재 및 소송에 필요한 구체적인 방법이 담겨 있다. 중국 내에 있는 외국인은 사회보험 때문에 고용기관, 중국 내 사업기관과 분쟁이 발생했을 경우 이상의 법률이 규정한 구체적인 방법에 따라 조정·중재·소송할 수 있다.

〈사회보험 임시시행 방법〉은 중국 내에서 취업한 외국인이 중국 사회보험에 가입할 권리와 의무가 있고, 법에 따라 사회보험 혜택을 누릴 수 있음을 명확히 했다. 그러나 중국에서 취업한 외국인의 사회보험료 납부율 등 세부 사항은 아직 불명확하다. 사회보험료 납부·변경·보유·단계별 계산 등 맞물리는 문제를 규정해야 외국인의 중국 사회보험 가입이 진정으로 실현될 수 있다.

민사소송이 증가하고 있는 가운데
행위보전, 소송절차 간소화 등에
대한 규정이 새롭게 등장했다.

〈민사소송법〉 개정판 등

〈민사소송법 개정에 관한 결정(關於修改〈民事訴訟法〉的決定)〉에 따라 가장 중요한 절차법인 〈민사소송법〉이 또 한 번 개정됐다. 〈민사소송법〉 개정판은 2012년 8월 31일 발표됨과 동시에 즉시 시행됐다.

〈민사소송법〉은 민사소송절차를 규범한 기본 법률이다. 최고인민법원 통계에 따르면 2011년 전국에서 심리한 1,200여만 안건 중 민사상업 안건이 87.07%로 사회생활에서 가장 주된 소송유형으로

나타났다.

따라서 〈민사소송법〉 개정에 전국인민대표대회(이하 '전인대')의 관심도 특별할 수밖에 없다.

1991년 4월 9일 통과된 〈민사소송법〉은 중국의 시장경제 발전 과정에서 큰 역할을 했다. 2007년 전인대는 국가경제와 사회발전의 실제 상황에 따라 〈민사소송법〉을 한 차례 개정한 바 있다. 이로써 오랫동안 당사자와 법원을 괴롭혔던 '제소난'과 '집행난'이 해결됐다. 이번 개정은 전인대 대표, 법학자, 법관 등이 충분하게 연구하고 토론한 뒤 〈민사소송법〉을 비교적 큰 폭으로 수정한 것이다. 개정 법률조문은 60여 곳, 7개 분야 즉 조정 및 소송관련 시스템 완비, 당사자 소송권리보장 강화, 증거제시제도 완비, 절차 간편화, 법률감독 강화, 재판감독절차 및 집행절차 완비에 관한 내용으로 이루어졌다.

새로운 〈민사소송법〉에서 주목할 만한 것은 '공익소송제'를 추가했다는 점이다. 최근 환경오염과 식품안전사고가 잇달아 발생하자 전인대 대표와 법학 전문가들은 공익소송제에 주목했다. 개정된 〈민사소송법〉 55조는 '환경오염이나 다수 소비자의 합법적 권익을 침해하고 사회공공이익을 손상하는 행위에 대해 법률이 정한 기관과 유관 부처는 인민법원에 소송을 제기할 수 있다'고 규정했다. 그러나 공익소송의 목적, 소송절차, 안건심리방식, 비용납부, 재판의 집행 등 구체적인 내용은 개정안에서 다루지 않아 앞으로 명확한 세칙을 기다려야 한다.

다음은 이번에 수정된 법률의 일부다.

Ⅰ. '행위보전제도'에 대해 명확하게 규정

행위보전(行爲保全)이란 인민법원이 소송 전 또는 소송 중 손실발생 또는 확대를 막기 위해 당사자 일방의 신청에 따라 상대 측 당사자에게 일정한 행위를 하거나 하지 않도록 명령하는 민사강제 조치다. 개정 전 중국 〈민사소송법〉에서는 행위보전제도규정이 없었다. 최고인민법원의 〈민법통칙의 약간 문제에 대한 의견(對民法通則的若干問題的意見)〉 162조는 소송 중 당사자에게 침해 및 방해 등 위험상황이 제거될 필요가 발생하면 인민법원은 당사자의 신청 또는 직권에 따라 선행결정 할 수 있도록 규정했다.

지적재산권을 고려해 필요하면 침해인의 모종 행위를 지속하게 하거나 즉시 금지함으로써 권리침해를 막고 손해의 확대를 방지했다.

최고인민법원이 1992년 발표한 〈특허분쟁 안건 심리의 약간 문제에 관한 해답(關於審理專利糾紛案件若干問題的解答)〉은 '인민법원이 특허침해 안건을 심리할 때 권리침해 당사자가 특허무효를 주장함으로써 소송을 지연시키고 침해행위를 계속하는 일이 자주 발생한다. 특허권자가 재산보전신청 제기 및 담보를 제공하고, 인민법원이 필요하다고 판단하면 피고에게 권리침해행위를 중지 또는 일정조치를 취할 수 있다'고 명확하게 규정했다. 2001년 6월 개정된 〈특허법〉, 〈상표법〉, 〈저작권법〉에 '소송 전 임시조치' 규정을 마련해 지적재산권분야에서 행위보전제도의 지위를 공식적으로 확립했다. 특허권 관련 〈소송 전 임시조치〉 규정에 따라 최고법원은 2001년 6월 〈소송 전 특허권 침해행위 중지 적용 법률 문제에 관한 약간 규정(關於訴前停止侵犯專利權行爲適用法律問題的若干規

定)〉을 발표했고, 이는 행위보전제도를 정확한 적용하는 데 도움이 됐다.

이렇게 수정된 〈민사소송법〉 100조는 '당사자 일방의 행위나 기타 이유로 판결을 집행하기 어렵거나 당사자의 기타 손해를 일으키는 안건에 대해 인민법원이 상대인의 신청에 따라 그 재산을 보전하도록 명령하고, 일정행위를 명령하거나 혹은 금지할 수 있다. 당사자가 신청하지 않아도 인민법원은 필요할 경우 보전조치를 결정할 수 있다'고 규정했다. 이를 통해 원고의 권익이 적절하게 보호받을 수 있게 됐다.

Ⅱ. 간편절차 완비

실제 상황에서 민사안건의 사실이 명백하고, 권리의무관계가 명확하며 논쟁이 크지 않을 경우 〈민사소송법〉에 따라 간편절차를 적용할 수 있다. 〈민사소송법〉 13장에는 총 7개 조항에 걸쳐 간편절차에 대해 규정하고 있다. 간편절차 완비는 재판의 효율을 높이고 당사자의 소송비용을 절감하며 사법자원을 합리적으로 이용한다는 데 중요한 의미가 있다.

〈민사소송법〉 개정 전에도 쓰촨(四川)성 청두(成都)시 등지에서 소액소송 간편절차제도를 시행해 효과를 거둔바 있다. 때문에 광범위하고 다양한 민사분쟁을 제때 해결하기 위해 개정된 〈민사소송법〉은 간편절차가 적용되는 일부 안건에 소액소송제도를 설치하도록 했다. 〈민사소송법〉 162조는 '기초인민법원(基層人民法院)과 기초인민법원이 파견한 법정이 본 법 157조 1항에 부합하는 간단한 민사안건을 심리할 때 목적액수가 각성(省), 자치구, 직할시의 전년도 취업자평균연봉의 30% 이하인 경우 1심이 최종심' 이라고 규정했다. 국가통계국에 따르면 2011년 전국 도시취업자의 연평균 급여는 4만 1,799위안이었다. 따라서 전국 대다수 성(省)·시(市)는 전년도 평균급여의 30%에 해당하는 1만 2,000위안 이하의 안건에 대해 간편절차를 적용할 수 있다.

새롭게 개정된 〈민사소송법〉은 간편절차의 적용범위를 더욱 확대했다. 즉 민사권과 소송권을 처리할 권한은 당사자에게 있다는 원칙에 따라 해당법은 '간편민사 안건 이외의 기타 민사안건에 대해서도 간편절차적용을 약정할 수 있다'는 규정을 추가했다. 또한 기초인민법원과 기초인민법원이 파견한 법정이 간단한 민사안건을 심리할 때, 간편한 방식으로 당사자와 증인을 소환하고 소송문서를 송달, 안건을 심리할 수 있도록 했다. 당사자의 의견진술권은 보장했다. 동시에 제도남용을 막기 위해 인민법원이 심리과정에서 안건이 간편절차적용에 적합하지 않다고 판단되면 일반 절차로의 전환을 결정하도록 규정했다.

Ⅲ. 재판문서공개제도 완비

재판문서공개는 공개재판제도의 중요한 일환이다. 법원의 재판문서에는 안건 내용, 증거 및 재판 이유가 기재돼 있어 문서를 통해 법원판결의 근거와 판결과정을 알 수 있다. 이는 재판 질 제고, 법률지식 보급, 소송 간편화, 법률집행의 존엄성 및 공정성을 높이는 데 중요한 역할을 한다.

2009년 최고인민법원은 〈사법공개에 관한 6개 조항 규정(關於司法公開的六項規定)〉을 발표, 재판문서 공개를 약속했다. 2010년 최고인민법원은 사법공개작업지도팀을 구성하고 전국적으로 100개 사법공개 시범법원을 확정해서 '사법공개 시범법원 기준'을 하달하고 재판문서 공개작업을 전면 시행하도록 했다. 그 후 허난(河南) 고급인민법원, 지린(吉林) 바이산(白山) 중급법원 등이 인터넷에 판결문을 공개하기 시작했고, 난징(南京)법원은 인터넷 안건 무료조회 시스템을 개설했다. 최고인민법원은 공보를 통해 직접 심리한 중요하면서도 대표적인 안건의 재판문서를 대외에 공개하고 재판공개 강화를 촉구하는 지도문건을 내놨다. 전국 각 급 법원이 사실상 모두 사법집행과정에서 재판문서공개를 추진하고 있다.

이러한 실질적인 상황에 비추어 재판문서 공개의 환경이 성숙했음을 고려해 개정된 〈민사소송법〉 156조에서 법적 효력이 발생한 판결문이나 재정서(裁定書)를 열람할 수 있게 했다(국가기밀, 상업기밀 및 개인정보에 관련된 내용은 제외). 아울러 판결문, 재정서에는 판결, 재정결과 및 판결과 재정이유를 명시해야 한다는 점도 보다 명확하게 규정했다.

국제결혼 등 국제 간 민간교류 증가와 함께 늘어나고 있는 분쟁, 어떻게 처리해야 할까?

〈대외민사관계 법률 적용법〉

[사례]

2001년 5월 중국인 왕씨는 국내 대학교를 졸업하고 한국 유학을 결정했다. 유학기간 한국 여성과 결혼해 한국에서 거주했다. 2008년 생활습관 차이 등 이유로 두 사람은 헤어졌고, 왕 모씨는 귀국해 취업한 뒤 정착했다. 2011년 7월 왕 모씨와 그의 한국인 부인은 협의이혼을 준비했지만 어느 나라 법률을 적용할 것인가가 문제였다.

중국 〈대외민사관계 법률 적용법(이하 '적용법')〉 26조는 '협의이혼 당사자는 당사자 일방의 주 거주지나 국적국의 법률을 선택해 적용할 수 있다. 당사자가 선택하지 않은 경우 공동의 주 거주

지 법률을 적용한다. 공동 주 거주지가 없을 경우 공동 국적국 법률을 적용한다. 공동 국적국이 없을 경우 이혼수속을 진행하는 기관의 소재지 법률을 적용한다'고 규정하고 있다.

따라서 왕씨와 부인은 한국이나 중국 법률 선택 협의를 할 수 있다. 협의에 도달하지 못하면 쌍방이 이미 공동 주 거주지가 없고 공동 국적국이 없으므로 이혼수속 진행 기관 소재지의 법률을 적용할 수밖에 없다.

국가간 민간교류가 늘어나는 가운데 중국의 입법기관인 전국인민대표대회 상무위원회는 2010년 10월 28일 대외 민사분쟁을 더욱 원만히 해결하고 당사자들의 합법적 권익을 보호하기 위해 〈적용법〉을 통과시켰다.

이는 독일, 스위스, 일본, 유럽연합 등 국가의 법률문건을 연구 참고해 제정한 새로운 법률이다. 총 8장 52조로 이뤄진 이 법은 일반규정과 민사주체, 혼인가정, 상속, 물권, 채권, 지적재산권, 부칙 등으로 구성됐다.

대외민사관계란 민사관계 발생의 주체, 개체 또는 법률사건 중 적어도 한 가지 요소가 외국과 관련된 민사관계를 가리킨다. 〈민법통칙 관철·집행 문제에 대한 의견(이하 '의견')〉 178조는 '민사관계의 한 측 또는 양측이 모두 외국인이거나 무국적인 또는 외국법인일 경우, 민사관계 표적물 외국영토에 있을 경우, 민사권리 발생·변경 또는 소멸의 법률 사실이 외국에서 발생했을 경우는 모두 대외 민사관계에 속한다'고 규정하고 있다. 〈적용법〉이 나오기 전 중국은 주로 〈민법통칙〉과 그에 따른 의견, 지방 법규나 정부의 규칙 등으로 대외민사관계를 처리했다. 이런 처리방식에는 두 가지 폐단이 존재한다. 첫째, 통일된 법률 없이 적용 가능한 조항이 여러 가지 법률에 흩어져 있어 적용하기 어렵다는 것이다. 둘째, 부분적이고 구체적이지 못하다는 점이다. 일례로 해외상속이나 국제결혼의 경우 적용할 수 있는 명확한 법률 규정이 없다.

Ⅰ. 〈대외민사관계 법률 적용법〉 원칙

〈적용법〉은 '당사자 의사자치 원칙'과 '국외법 적용 배제 및 제한 원칙'을 결합한 것이다. 당사자 의사자치 원칙은 국제적 민사관계법률 적용의 중요한 원칙이다. 주로 당사자들이 협상하여 자유로 선택할 수 있는 법률관계의 적용원칙을 가리킨다. 이와 관련된 원칙은 주로 〈적용법〉 3조에 규정돼 있다. 3조에는 '당사자는 법에 근거해 대외민사관계에 적용할 법률을 선택하여 명시할 수 있다'는 내용이 담겨 있다.

〈적용법〉은 또 당사자가 선택할 수 있는 외국법 적용원칙의 범위를 정해 놓았다. 이른바 '외국법 적용원칙 배제 또는 제한'이란 외국인이 연관된 민사사건을 처리할 때 한 나라의 법원이 본국의 당사자 이익을 보호하기 위해 국제사회에서 인증하는 법률제도에 따라 본국에 불리한 외국법 적용을 배제하거나 제한하고 본국의 법률이나 본국의 이익에 유리한 외국법을 적용하는 것을 가리킨다.

〈적용법〉이 나오기 전까지 중국은 외국법 적용원칙을 배제하거나 제한하는 내용에서는 공공질서 유지제도만 있었고 기타 관련 제도는 최고인민법원 사법 해석에 설명돼 있었다. 〈적용법〉은 이 원칙을 법률원칙으로 승화시켰다. 본 법 4조에는 '중화인민공화국법률에 대외민사관계에 관한 강제적 법률이 있고, 이를 직접 적용한다'고 돼 있다. 5조는 '외국법률의 적용이 중화인민공화국의 사회공공이익에 피해를 줄 경우 중화인민공화국의 법률을 적용한다'고 명시하고 있다. 이 외에 〈의견〉 194조에는 '당사자가 중국의 강제적 또는 금지 법률 행위를 피할 경우 외국법률 효력은 발생하지 못한다'고 규정했다.

새 법은 '가장 밀접한 관계 원칙'을 명확히 했다. 일반적으로 법률이 당사자의 권리의무와 가장 밀접한 연관성이 있을 때 분쟁을 적절하게 처리할 수 있다. 〈적용법〉 6조는 '대외민사관계에서 외국의 법률을 적용하는 데 있어 해당국의 법률이 지역에 따라 다르다면 그 민사관계와 가장 밀접한 법률을 가진 지역의 법을 적용한다'고 밝혔다.

Ⅱ. 대외계약 법률 적용

대외계약에 관한 법률 적용 규정은 중국과 세계 각국이 모두 같다. 계약법률의 첫째 원칙은 의사자치의 원칙이다. 당사자가 적용할 법률을 선택하지 않았을 경우 법관은 가장 근접한 법률을 적용한다. 〈적용법〉이 나오기 전까지 중국은 주로 〈계약법〉, 〈민법통칙〉, 〈대외민사 또는 상업분쟁에 대한 최고인민법원의 법률적용 문제 관련 규정〉 등에 따라 사건을 처리했다. 새 적용법이 마련되면서 〈계약법〉 126조 2항에는 '중화인민공화국 국내에서 중외합자경영기업계약, 중외합작경영기업계약, 중외합작 자연탐사·개발계약 등을 이행할 경우 중화인민공화국의 법률을 적용한다'고 명시돼 있다. 최고인민법원 사법해석은 중국 법률을 강제적으로 적용하는 계약의 범위를 더 넓혔다. 중국 국내에서의 중외합작기업과 중외합작기업 주식양도 계약 등은 모두 중국의 법률을 따른다고 규정했다.

〈적용법〉은 '당사자 의사자치 원칙'과 '가장 밀접한 관계 원칙'을 적용한 것 외에 '계약의 특징을 가장 잘 나타내는 당사자 일방의 장기 거주지역의 법률'도 적용범위에 포함했다. 42조에는 '소비자 계약은 소비자가 장기 거주하는 지역의 법률을 적용하거나 소비자가 선택한 상품이나 서비스 제공지역의 법률을 적용할 수 있다. 소비자가 장기 거주하는 지역에서 경영자가관련 경영활동을 하지 않을 경우에는 상품 또는 서비스 제공지역의 법률을 적용한다'고 규정했다.

Ⅲ. 구법(舊法)교체

〈적용법〉 51조에는 '〈민법통칙〉 146조와 147조, 〈상속법〉 36조 규정 중 본 법과 일치하지 않은 내용에 대해서는 본 법을 적용한다'고 규정했다. 〈민법통칙〉 상기 조항에는 권리침해행위, 혼인, 상속 등에 대한 내용이 담겨있다.

1. 권리침해행위

권리침해행위에 대한 손해배상은 원래는 권리침해행위 지역의 법률을 적용했었다. 〈적용법〉 발효 후 권리침해행위의 당사자가 같은 상주지역에 있을 경우 현지의 법률을 적용해야 한다. 권리침해행위 발생 후 당사자들은 적용할 법률에 대해 협상할 수 있으며 협상에 따라 적용할 법률을 선택할 수 있다. 지적소유권침해 책임은 피청구자 거주지역의 법률을 적용하거나 사건 발생 후 행위 당사자들이 협상하여 적용할 법률을 결정할 수도 있다.

2. 혼인

원래 중화인민공화국 공민이 외국인과 혼인할 경우, 혼인이 맺어지는 현지의 법률을 적용했고, 이혼은 사건 접수 법원이 소재한 지역의 법률을 적용했다. 〈적용법〉이 효력을 가진 후 결혼조건, 결혼수속, 부부의 인신관계와 재산관계, 부모·자녀의 인신관계와 재산관계 등은 상황에 따라 서로 다른 법률을 적용할 수 있다. 협의이혼과 이혼소송은 경우에 따라 다른 법률방식을 적용한다.

3. 상속

원래 〈상속법〉은 부동산과 동산 상속에 대한 구분만 있었다. 〈적용법〉은 동산, 부동산을 상황에 따라 구분하는 것 외에 법정상속과 유언상속으로도 구분했다. 또 유언의 방식과 효력, 유산관리와 무상속 유산의 귀속 등에 대해서도 법률적인 규정을 내렸다.

Ⅳ. 기타 규정

입법기관의 해석에 따르면 〈적용법〉은 일부 특수한 주체에 대해 특별 규정을 했다. 예를 들면 부모 자식 사이의 재산관계, 인신관계는 분쟁 해결 시 약자를 보호하는 데 유리한 법률을 적용하고, 부양관계에서는 피부양인의 이익을 보호하는 데 유리한 법률을 적용한다. 채권관계에서는 소비자보호를 우선시하는 원칙 하에 소비자가 적용할 법률을 선택할 수 있고, 제품품질과 관련해서는 권리를 침해당한 쪽에서 적용법률을 선택할 수 있다는 등의 내용이다. 이러한 점을 통해 〈적용법〉은 당사자의 합법적 권익을 더욱 효과적으로 보호하는 데 목적이 있음을 알 수 있다. 또 이를 위해 중국의 법률을 적용할 수도 있고 외국의 법률을 적용할 수도 있다.

V. 맺음말

〈적용법〉은 국제 간 재산관계와 인신관계를 규범화하기 위한 기본 법률이다. 국제교류 중 발생하는 민사주체, 물권, 혼인 및 상속, 지적재산권, 계약, 채권 관계 등 여러 가지 국제 간 민사관계 문제에 적용하는 법률이다.

〈적용법〉은 중국의 대외 법률제도를 완성해가는 작업에 있어서 하나의 상징적인 법률이다. 대외 개방의 범위가 점차 확대되고 그 정도가 심화됨에 따라 중국은 국제적인 대국으로 발전을 거듭하고 있다. 따라서 빠르게 변화하는 대외 민사 및 상업관계에 발맞춰 대외적인 입법과 사법 처리에 대해서도 새로운 요구가 제기되고 있다. 〈적용법〉은 대외 민사관계 당사자의 합법적 권익을 실제적으로 보호하는 데 그 목적을 두고 있다. 또한 현재 중국의 관련 법률과 충돌하지 않는 범위 내에서 사법기관이 편리하게 대외 민사안건을 심리하도록 하기 위함이다.